Recetario Simple para Niños de 8 a 12 Años

Contenido

Contenido 2

Descargo de Responsabilidad 3

Introducción 5

Iniciando 7

Recetas para el Desayuno 19

Recetas para el Almuerzo 89

Recetas para la Cena 124

Postres 163

Recetas para Fiestas y Celebraciones 197

Actividades Divertidas para Niños en la Cocina 237

Conclusión 271

Descargo de Responsabilidad

Copyright © 2025

Todos los derechos reservados.

Ninguna parte de este e-book puede ser transmitida o reproducida de forma parcial o total, incluyendo formato impreso, digital, escaneo, mecánico o grabación sin el permiso previo por escrito del autor.

Si bien el autor ha hecho el máximo esfuerzo para garantizar la exactitud del contenido escrito, se recomienda a todos los lectores seguir la información mencionada. El autor no podrá ser responsabilizado por daños personales o comerciales causados por la información aquí presentada. Se anima a buscar asesoramiento profesional cuando sea necesario.

Como este es un libro para niños, es necesario que los adultos estén presentes en todo momento para garantizar que los niños puedan completar tareas y recetas con seguridad.

Introducción

¿Estás ansioso y emocionado por comenzar tu viaje culinario? Este libro de cocina te transportará a un mundo de delicias culinarias, donde descubrirás el placer de combinar ingredientes simples para crear platos deliciosos en poco tiempo. Este es más que un simple libro de cocina; actuará como tu guía en cada paso del camino mientras aprendes los consejos, trucos y técnicas para convertirte en un profesional en la cocina.

Este libro de cocina está diseñado especialmente para niños pequeños que desean probar suerte en la cocina. Cocinar es mucho más que simplemente preparar comidas. Se trata de comprender diferentes sabores, gustos, aromas y sus combinaciones. Deja que este libro sea su compañero de cocina, en quien puede confiar para obtener ayuda y apoyo mientras explora el mundo de la comida.

En este libro, aprenderá los conceptos básicos de la cocina, incluidos consejos de seguridad, herramientas esenciales y consejos para leer recetas. Después, conocerá una variedad de recetas deliciosas, sencillas y fáciles de seguir, perfectas para el desayuno, el almuerzo, la cena y los postres. No olvide revisar las recetas especiales ideales para las fiestas y los días festivos, junto con divertidas actividades de cocina. Antes de comenzar, las dos cosas que debe recordar son divertirse en la cocina de manera segura y ser creativo. Querido joven cocinero entusiasta, ¡ponte el delantal porque es hora de comenzar!

El primer paso de nuestra expedición culinaria es aprender los conceptos básicos. Esto incluye comprender y seguir las reglas de seguridad en la cocina, tener a mano los utensilios de cocina esenciales, comprender las medidas y los consejos para leer una receta y repasar el vocabulario básico de la cocina. Una vez que esté equipado con toda esta información, leer las recetas de este libro le resultará increíblemente sencillo.

Kitchen Safety Tips

La seguridad es de suma importancia en todas las actividades, y cocinar no es una excepción. Es un proceso divertido y emocionante, pero la seguridad en la cocina es fundamental, especialmente para los niños. Además, aprender sobre seguridad en la cocina a una edad temprana ayudará a enseñar buenos hábitos de cocina que durarán toda la vida.

A continuación, se presentan algunas reglas básicas para que los niños puedan garantizar la seguridad en la cocina.

- La regla más básica es la de manipular cualquier objeto afilado en la cocina. Ya sea un cuchillo o un par de tijeras, los niños deben manipularlos solo bajo la supervisión de un adulto. De hecho, la supervisión de un adulto es imprescindible siempre que un niño esté en la cocina.
- Incluso cuando está apagada, una estufa puede estar caliente, así que tenga cuidado cuando esté cerca de una. Del mismo modo, un horno está caliente durante un rato después de su uso.
- Mientras cocinas, coloca siempre los alimentos calientes, especialmente sopas, guisos y caldos, en la parte trasera del quemador para evitar derrames accidentales.
- Es imprescindible aprender sobre la higiene alimentaria adecuada. Incluye prácticas sencillas para mantener la salud y garantizar que la comida se cocine correctamente sin contaminación. Las reglas básicas de higiene alimentaria incluyen lavarse bien las manos y secarlas antes de cocinar,

así como limpiar las encimeras y los platos antes y después de cocinar para evitar la contaminación.

- Cualquier ingrediente que entre en contacto con huevos o carne cruda debe enjuagarse inmediatamente. Del mismo modo, enjuáguese las manos inmediatamente si las usa para probar alimentos mientras cocina. Asimismo, no se recomienda lamer cucharas o espátulas como método de muestreo de alimentos.
- Todos los electrodomésticos que se utilicen deben mantenerse alejados del agua.
- El horno y la placa de cocina deben apagarse después de su uso.
- Los alimentos cocinados nunca deben colocarse sobre ninguna superficie o plato en el que se hayan colocado alimentos crudos anteriormente.
- Limpia siempre a medida que avanzas. Esto significa simplemente volver a colocar los ingredientes en su lugar después de usarlos para evitar que la encimera se ensucie.
- Usa siempre un delantal mientras cocinas y utiliza paños de cocina.
- Si tienes el pelo largo, átatelo.

- Los alimentos crudos siempre deben mantenerse alejados de los alimentos cocinados.
- Mientras cocinas, si se derrama algo accidentalmente, limpia a medida que avanzas para que las cosas sean más fáciles.
- Otro consejo importante es leer siempre la receta antes de comenzar.
- Si necesitas ayuda con cualquier cosa en la cocina, ¡no dudes en pedirle ayuda a un adulto!

Herramientas Esenciales en la Cocina

Para pintar, necesitarás materiales como pinceles, pinturas, papel o lienzo, etc. De la misma manera, para cocinar, necesitas herramientas de cocina esenciales. Estas herramientas serán tus fieles compañeras en la cocina y son las siguientes.

- Todo cocinero necesita un cuchillo como herramienta básica. Ya sea que esté cortando, picando o picando, necesitará un buen cuchillo. Asegúrate de usar un cuchillo afilado solo bajo la supervisión de un adulto.

- También necesitarás una tabla de cortar confiable y resistente. Asegúrese de que la tabla sea fácil de limpiar.
- La mayoría de las recetas requieren medidas precisas y, para asegurarse de seguirlas, necesitará tazas y cucharas medidoras. Invierte en un juego de cucharas y tazas medidoras para ingredientes húmedos y secos.
- También necesitarás tazones para mezclar de diferentes tamaños para marinar, combinar y servir.
- Otras herramientas de cocina esenciales incluyen una espátula, un batidor, un pelador y un rallador.
- Un colador también es útil para drenar el agua de los ingredientes o incluso para enjuagar los productos.

Entendiendo las Medidas

Otra habilidad básica que debes adquirir antes de empezar a cocinar es entender las medidas. Si miras cualquier receta, notarás que las medidas se mencionan junto a los ingredientes. Si sigues y ajustas las medidas en consecuencia, puedes lograr excelentes resultados. Un simple malentendido con las medidas puede marcar la diferencia entre una comida deliciosa y un desastre. Por ejemplo, en lugar de agregar una cucharadita de sal, si agregas una cucharada, el plato quedará extremadamente salado.

Los dos sistemas de medición son el métrico y el imperial. En el sistema métrico, se utilizan gramos y kilogramos para los ingredientes secos, mientras que los líquidos se miden en milímetros y litros. En el sistema imperial, tanto las medidas secas como las líquidas se expresan en onzas y libras. Este es el sistema común que se usa en los EE. UU. y el Reino Unido. El sistema imperial también recomienda usar cucharaditas, cucharadas y tazas para medir diferentes ingredientes.

A veces, algunas recetas enumeran los ingredientes utilizando el sistema imperial en lugar del métrico. En esos casos, simplemente tienes que convertirlos del sistema métrico al imperial o viceversa. A continuación, se muestran algunas conversiones básicas que resultarán útiles.

- Una cucharadita = 5 ml
- Una cucharada = 15 ml
- Una taza = 240 ml
- Una onza = 28 gramos

A la hora de hornear, una taza de harina y de azúcar equivalen a 120 y 200 gramos, respectivamente.

Diccionario Básico de Cocina

La cocina también tiene su propio vocabulario, como cualquier otra forma de arte. Si comprendes los términos básicos que se utilizan, tendrás una mejor idea de qué hacer con una determinada receta. Los términos más comunes con los que te encontrarás son los siguientes.

Cocer a fuego lento

Cocer a fuego lento es una técnica en la que el líquido está lo suficientemente caliente como para producir pequeñas burbujas, pero no llega a hervir por completo. Mientras se cocina a fuego lento, se mantiene un calor suave. Esta técnica garantiza una extracción completa de los sabores de los ingredientes y ayuda a intensificarlos con el tiempo. Por lo general, los caldos, guisos, sopas, salsas y currys requieren hervir a fuego lento los ingredientes.

Saltear

Cuando algo se cocina rápidamente a fuego medio o alto con muy poco aceite o grasa, se lo conoce como salteado. Esta sencilla técnica ayuda a dorar rápidamente las verduras y las carnes.

Picar

El picado es esencialmente una técnica de corte en la que los ingredientes se cortan finamente hasta formar trozos pequeños y uniformes. Los ingredientes más comunes que se deben picar son las hierbas, el ajo y las cebollas.

Blanquear

Cuando las frutas o verduras se sumergen brevemente en agua hirviendo y se transfieren inmediatamente a agua helada, se dice que están blanqueadas. Esta sencilla técnica ayuda a conservar la textura y los nutrientes presentes en un ingrediente.

Doblar

Doblar es la técnica de combinar suavemente los ingredientes con una cuchara o una espátula para garantizar que la mezcla quede aireada y liviana.

Estofar

Cuando los alimentos se cocinan lentamente en una olla tapada con solo una pequeña cantidad de líquido, se conoce como estofar. Es la técnica de cocción perfecta para cualquier corte duro de carne para garantizar que el resultado sea tierno y sabroso.

¿Cómo leer una receta?

Las recetas son, en esencia, un conjunto de instrucciones que se deben seguir para preparar un alimento o una bebida. Aprender a seguir una receta hará que cocinar sea más fácil. Lo básico es entender el nombre de la receta. El nombre suele dar una buena idea de lo que se va a cocinar. Ahora bien, a la hora de leer una receta, aquí te damos algunos consejos que debes recordar.

- Siempre revisa la cantidad de porciones indicadas. Dependiendo de las porciones que quieras preparar, las medidas de los ingredientes deben ajustarse en consecuencia. A veces, es posible que tengas que duplicar la cantidad de ingredientes o incluso reducirla.
- Las recetas también mencionan el tiempo que se tarda en preparar y cocinar un plato específico. El tiempo de preparación o preparación generalmente incluye una estimación de cuánto tiempo llevará preparar los ingredientes, incluyendo limpiar, cortar, picar, etc. Por otro lado, el tiempo de cocción representa el tiempo total que tardarán los ingredientes en cocinarse. Cuando se suman ambos, sabrás el tiempo que lleva cocinar un plato de principio a fin.
- Cada receta enumera los diferentes elementos que necesitarás cocinar, que se conocen como ingredientes. A veces, también puedes ver algunos ingredientes alternativos u opcionales enumerados.
- La parte más importante de leer una receta es comprender las instrucciones o los pasos a seguir. Siempre lee la receta completa antes de cocinar.

Una vez que hagas esto, sabrás si necesitas la ayuda de un adulto y si has entendido lo que hay que hacer. Por ejemplo, un paso básico en la mayoría de las recetas de repostería es precalentar el horno. Si el pastel está listo para hornearse, pero el horno no está precalentado, es posible que los resultados no sean los esperados.

Ahora que estás equipado con la información básica sobre cocina, ¡es hora de comenzar nuestra aventura culinaria! Toda esta información te resultará útil a medida que avanzas en las diferentes recetas que se enumeran en este libro.

***Si eres muy pequeño, asegúrate de tener un adulto cerca mientras cortas verduras o usas aparatos electrónicos como la licuadora, el horno, etc. Asegúrate de usar guantes de cocina mientras retiras cualquier cosa caliente del horno o microondas ***

Hasta ahora, hemos cubierto mucho sobre la comprensión de los conceptos básicos de cocina, seguridad en la cocina y herramientas de cocina. Hemos resumido toda esa información en una sola página para que puedas imprimirla y pegarla en la pared de la cocina para que tú y tu hijo puedan consultarla. Simplemente escanee el código QR a continuación para obtener la hoja.

Recetas para el Desayuno

Smoothie de Fresas

Porciones: 1

Valores nutricionales por porción: 1 batido, sin azúcar

Calorías: 142

Grasa: 4 g

Carbohidratos: 21 g

Proteínas: 7 g

Ingredientes:

- 7 fresas congeladas
- azúcar al gusto (opcional)
- ½ taza de leche de soja

- ½ plátano pelado y cortado en rodajas
- ¼ de cucharadita de extracto de vainilla (opcional)
- ¼ de taza de avena en hojuelas

Instrucciones:

1. Coloque la avena en hojuelas en una jarra de licuadora. Vierta la leche sobre la avena. Agregue las fresas y los ingredientes opcionales, si los usa. Agregue también el plátano.
2. Encienda la licuadora y licue hasta que los ingredientes en la licuadora estén espesos y suaves.
3. Vierta el batido en un vaso y cubra con hielo si lo desea antes de disfrutar.1 batido, sin azúcar

Batido de mantequilla de maní y plátano

Porciones: 1

Valores nutricionales por porción: 1 batido

Calorías: 335

Grasa: 19 g

Carbohidratos: 34 g

Proteínas: 13 g

Ingredientes:

- ½ cucharada de miel
- 2 cucharadas de mantequilla de maní
- ½ taza de leche
- ½ plátano pelado y cortado en rodajas

Instrucciones:

1. Coloque el plátano y la mantequilla de maní en la jarra de la licuadora. Vierta la leche. Agregue la miel.
2. Agregue un poco de hielo si lo desea frío y encienda la licuadora. Una vez que el contenido de la licuadora esté licuado, apáguela y vierta en un vaso.
3. Agregue un poco de hielo y sirva.

Avena con arándanos para dejar reposar toda la noche

Porciones: 2

Valores nutricionales por porción: 1 frasco, con arándanos

Calorías: 255

Grasa: 6 g

Carbohidratos: 40 g

Proteínas: 13 g

Ingredientes:

- 2/3 taza de leche
- ½ taza de avena en hojuelas
- 4 cucharaditas de semillas de chía
- ½ taza de arándanos frescos
- ½ taza de yogur griego

- 4 cucharaditas de miel
- ½ cucharadita de canela molida o un poco más

Instrucciones:

1. La noche anterior, agrega el yogur y la leche en un bol. Bate hasta que quede una mezcla homogénea con un batidor de mano. Agrega la avena y las semillas de chía y agita el bol.
2. Agrega los arándanos. Puedes usar cualquier otra baya o fruta de tu preferencia. También puedes usar frutas variadas. 3. Distribuye la avena de manera uniforme en dos frascos Mason.
3. Cierra bien los frascos y mantenlos refrigerados toda la noche antes de servir.

Pudín de chocolate y chía

Porciones: 2

Valores nutricionales por porción: 1 tazón, sin

Calorías: 273

Grasa: 13 g

Carbohidratos: 38 g

Proteínas: 9 g

Ingredientes:

- 2/3 taza de leche de su elección
- 1 ½ cucharada de mantequilla de maní cremosa
- 2 dátiles Medjool
- 1/8 cucharadita de extracto de vainilla
- 1 ½ cucharada de semillas de chía
- 1 ½ cucharada de cacao en polvo sin azúcar
- 1 cucharada de miel

Instrucciones:

1. Agregue las semillas de chía en una jarra de licuadora. Vierta la leche sobre las semillas de chía y revuelva.
2. Después de unos 30 a 40 minutos, las semillas de chía se hincharán. Ahora agregue la miel y la vainilla. Quite el carozo de los dátiles y agréguelos a la licuadora junto con el cacao y la mantequilla de maní.
3. Ahora enciende la licuadora durante unos segundos hasta que la mezcla quede homogénea.
4. Divide la mezcla en dos tazones para servir. Coloca los tazones en el refrigerador hasta que necesites servir.

Parfait de moras

Porciones: 1

Valores nutricionales por porción: 1 frasco

Calorías: 515

Grasa: 18 g

Carbohidratos: 68 g

Proteínas: 21 g

Ingredientes:

- 4 moras
- ½ taza de granola
- 1 taza de yogur de vainilla

Instrucciones:

1. Si te gusta frío, enfría el yogur antes de colocar las capas.

2. Coloca ½ taza de yogur en un frasco de vidrio. Esparce ¼ de taza de granola sobre el yogur y luego 2 moras.
3. Repite el paso anterior una vez más y sirve de inmediato.

Parfait de mango, coco y chía

Porciones: 1

Valores nutricionales por porción: 1 frasco

Calorías: 302

Grasa: 18 g

Carbohidratos: 30 g

Proteínas: 3 g

Ingredientes:

- 3,5 onzas de leche de coco light

- 4 cucharaditas de coco rallado sin azúcar
- ¼ de cucharadita de extracto de vainilla
- 2 cucharaditas de semillas de chía
- 1 ½ cucharada de jarabe de arce puro
- ¼ de taza de mango fresco picado

Instrucciones:

1. Coloque el coco rallado y las semillas de chía en un bol. Vierta la leche de coco, el extracto de vainilla y el jarabe de arce sobre la mezcla de semillas de chía y revuelva.
2. Cubra el bol durante unos 30 minutos. Destape y revuelva bien.
3. Manténgalo cubierto en el refrigerador toda la noche. 4. A la mañana siguiente, coloca una cucharada de mango en un frasco de vidrio y luego una capa de pudín de chía. Repite estas capas 3 veces más.
4. Si te encanta el mango, puedes agregar más.

Barras de Granola

Porciones: 5

Valores nutricionales por porción: 1 barra, sin ingredientes opcionales

Calorías: 231

Grasa: 9,7 g

Carbohidratos: 33,9 g

Proteínas: 5,8 g

Ingredientes:

- 2 cucharadas de jarabe de arce o néctar de agave o miel
- ½ taza de almendras tostadas sin sal, picadas
- ½ taza de dátiles envasados, sin hueso
- 2 cucharadas de mantequilla de maní cremosa y salada o mantequilla de almendras

- ¾ taza de avena en hojuelas

Ingredientes opcionales:

- 1 a 2 cucharadas de chispas de chocolate
- 1 a 2 cucharadas de anacardos picados o nueces o piñones
- 1 a 2 cucharadas de fruta seca de su elección
- 1 a 2 cucharadas de cualquier otro ingrediente de su elección

Instrucciones:

1. Cuando mida los dátiles, déjelos
2. Puedes usar la avena tal cual o tostada. Para tostar la avena, espárcela en una bandeja para hornear y colócala en un horno precalentado para hornear durante unos 10 a 15 minutos. La temperatura del horno debe estar establecida a 350º F. Precalienta el horno.
3. Agrega los dátiles al mini procesador de alimentos y procesa hasta obtener una pasta.

4. Retira la pasta de dátiles a un bol. Agrega las almendras y la avena tostada en el mismo bol.
5. La mantequilla de maní y el jarabe de arce deben calentarse para que se derritan. De esta manera, se vuelve más fácil mezclar los ingredientes.
6. Puedes calentarlos en un microondas o en una cacerola pequeña sobre la estufa hasta que se derritan. Revuelve hasta que estén bien combinados y queden suaves.
7. Vierte la mezcla en el bol con la mezcla de avena. Agrega cualquiera de los ingredientes opcionales si los usas.
8. Revuelve hasta que estén bien combinados. Puede resultar un poco complicado remover porque los dátiles pueden no mezclarse bien. No hay de qué preocuparse, solo un poco de esfuerzo extra.
9. A continuación, tome una fuente para horno cuadrada pequeña de aproximadamente 5 a 6 pulgadas y coloque una hoja de papel pergamino en el fondo de la fuente.
10. Vierta la mezcla en la fuente y extiéndala bien con una espátula. Presione bien la mezcla en el fondo de la fuente con un vaso.

11. A continuación, tome una hoja de film transparente y cubra la fuente. Enfríe la fuente en el congelador durante unos 30 minutos.
12. Corte la mezcla en 5 barras iguales. Puede servirla de inmediato o transferirla a un recipiente hermético y guardarla en el refrigerador durante aproximadamente 2 semanas.

Panqueques de Avena

Porciones: 2

Valores nutricionales por porción:

3 panqueques, sin aderezos

Calorías: 331

Grasa: 8,3 g

Carbohidratos: 48,6 g

Proteínas: 9,3 g

Ingredientes:
- 1 taza de avena tradicional
- 1 ¼ cucharadita de polvo para hornear

- ¼ cucharadita de sal fina
- ¼ cucharadita de canela molida
- ½ plátano mediano muy maduro, pelado, cortado en rodajas
- 1 cucharada de jarabe de arce
- ½ taza de agua
- 1 huevo grande
- 1 cucharada de mantequilla derretida
- mantequilla derretida adicional para hacer los panqueques
- ½ cucharadita de extracto de vainilla

Instrucciones:
1. Vierta el agua en la jarra de la licuadora. Agregue el jarabe de arce, el huevo, el extracto de vainilla y la mantequilla derretida. 2. Agrega la avena, el polvo para hornear, la sal, la canela y el plátano a la licuadora y mezcla hasta obtener una masa suave. La avena es definitivamente más saludable que la harina común con la que generalmente se hacen los panqueques.
2. Vierte la masa en un tazón.

3. Toma una sartén o plancha y mantenla a fuego medio.
4. Deja que la sartén se caliente durante unos 70 a 90 segundos.
5. Pincela un poco de mantequilla derretida en la sartén.
6. Vierte 1/3 de taza de masa en la sartén. Pronto podrás ver burbujas en la parte superior del panqueque.
7. Después de aproximadamente 1 ½ a 2 minutos, la parte superior del panqueque se verá ligeramente seca. Levanta ligeramente cualquier borde del panqueque con una espátula y verifica si está dorado según tu preferencia.
8. Da vuelta el panqueque y cocina el otro lado durante un minuto o hasta que esté cocido a tu gusto.
9. Retira el panqueque y colócalo en un plato. Prepare el resto de los panqueques de la misma manera (6 en total).
10. Puede disfrutar del panqueque con los ingredientes que prefiera. Algunas sugerencias son jarabe de arce, frutas, nueces, crema batida, salsa de chocolate, etc.

Pan Francés

Porciones: 1

Valores nutricionales por porción: 2 rebanadas

Calorías: 257

Grasa: 6 g

Carbohidratos: 36 g

Proteínas: 17 g

Ingredientes:

- 2 rebanadas de pan integral
- ½ taza de leche desnatada
- ¼ cucharadita de nuez moscada molida
- ¼ cucharadita de canela molida
- ½ cucharada de jarabe de arce
- jugo de ¼ de naranja
- ralladura de ¼ de naranja

- 1 huevo
- ¼ cucharadita de extracto de vainilla
- mantequilla para cocinar, al gusto

Instrucciones:

1. Utiliza preferiblemente pan de 2 días. Terminarás desmenuzando las tostadas francesas con pan fresco. En caso de que no tengas pan viejo, tuesta ligeramente las rebanadas de pan. 2. Batir juntos el huevo, la nuez moscada, la canela, el jarabe de arce, la ralladura de naranja, el jugo de naranja, la leche y la vainilla en un bol. El bol debe ser lo suficientemente grande para que quepa el pan.
2. Colocar una sartén a fuego medio, con aproximadamente ½ cucharadita de mantequilla agregada. Dejar que la mantequilla se derrita.
3. Trabajar con una rebanada de pan a la vez, sumergirla en la mezcla de huevo. Levantar con cuidado el pan y colocarlo en la sartén. Repetir con la otra rebanada de pan.

4. Cocinar hasta que la parte inferior esté ligeramente dorada o al gusto. Dar vuelta las tostadas y cocinar el otro lado también.
5. Servir caliente.

Muffins de Plátano y Chocolate

Porciones: 6

Valores nutricionales por porción: 1 muffin

Calorías: 300

Grasa: 13 g

Carbohidratos: 42 g

Proteína: 26 g

Ingredientes:

- 2/3 taza de plátanos bien maduros machacados

- ¼ taza de aceite vegetal
- ½ cucharadita de extracto de vainilla
- 1 huevo
- ¾ taza de harina común
- ½ taza de azúcar
- ¼ cucharadita de sal
- ½ cucharadita de bicarbonato de sodio
- ¼ taza de chispas de chocolate

Instrucciones:

1. La temperatura del horno debe estar establecida en 350° F. Ahora precaliente el horno.
2. Mientras tanto, coloque pirotines desechables en 6 moldes para muffins.
3. Bata juntos el plátano machacado, la vainilla, el aceite y el huevo en un tazón.
4. Agregue el azúcar y bata hasta que esté bien incorporado.
5. Tamiza la harina, la sal y el polvo para hornear en otro bol.
6. Agrega la mezcla de harina a la mezcla de banana y revuelve hasta que se integre, asegurándote de no mezclar demasiado.

7. Agrega las chispas de chocolate y revuelve suavemente. Vierte la masa de manera uniforme en los moldes para muffins.
8. Coloca los moldes para muffins en el horno y programa el temporizador durante unos 25 minutos.
9. Prueba del palillo: toma un palillo e introdúcelo en el centro de un muffin. Sácalo y verifica si hay masa pegada en el palillo. Unas pocas migas pequeñas están bien, pero no la masa. Si ves masa, hornea durante otros 4 a 6 minutos.
10. Déjalos en una rejilla de alambre durante unos 10 a 12 minutos. Retira los muffins de los moldes y deja que se pongan a temperatura ambiente.
11. Puedes servirlos ahora o guardarlos en un recipiente hermético. Pueden durar 2 días a temperatura ambiente o aproximadamente una semana en el refrigerador.

Muffins Salados

Porciones: 3

Valores nutricionales por porción: 2 muffins

Calorías: 186

Grasa: 14 g

Carbohidratos: 4 g

Proteínas: 12 g

Ingredientes:

- ½ cucharada de aceite de oliva
- 1/8 taza de pimiento verde picado
- ½ taza de espárragos frescos picados
- 1 cucharada de cebolla roja picada
- ¼ taza de leche
- una pizca de pimienta negra molida o al gusto
- 1/8 cucharadita de sal o al gusto
- ½ taza de queso cheddar rallado
- 3 huevos

Instrucciones:

1. Después de ajustar la temperatura del horno a 350° F, precaliente el horno.
2. Engrase 6 moldes para muffins con un poco de aceite en aerosol.
3. Agregue aceite a una sartén y colóquela a fuego medio. Después de un par de minutos, el aceite estará caliente. 4. Añade las verduras a la sartén y remueve de vez en cuando hasta que estén tiernas, de 5 a 8 minutos. Retira la sartén del fuego y déjala enfriar hasta que los huevos estén batidos.
4. Mientras tanto, rompe los huevos en un bol. Añade la leche, la sal y la pimienta. Bate bien.
5. Añade las verduras y el queso y revuelve hasta que estén bien combinados.
6. Distribuye la mezcla de forma uniforme entre los moldes para muffins.
7. Coloca los moldes para muffins en el horno y hornéalos hasta que estén ligeramente dorados por encima y cocidos

por dentro. Para ello, haz la prueba del palillo (consulta la receta anterior).

8. Déjalos enfriar durante unos 5 minutos.
9. Retira los muffins de los moldes y sírvelos.

Tostada de Aguacate

Porciones: 2

Valores nutricionales por porción: 1 tostada

Calorías: 237

Grasa: 15,8 g

Carbohidratos: 21,4 g

Proteínas: 6,1 g

Ingredientes:

- 2 rebanadas de pan
- ¼ de cucharadita de sal o al gusto
- 1 aguacate maduro, pelado, sin hueso y en porciones pequeñas

Instrucciones:

1. Coloque el aguacate en porciones pequeñas en un bol y, con un tenedor, triture hasta que quede suave o con trozos grandes, según su preferencia.
2. Agregue sal y revuelva. En este paso, puede agregar algunos condimentos de su elección. Ajo, cebolla, tomates y trocitos de tocino cocido son algunas sugerencias.
3. Coloque las rebanadas de pan en la tostadora y tuéstelas hasta que estén crujientes y doradas.
4. Coloque la mitad del aguacate machacado sobre cada tostada y sirva.

Huevo con Pimiento Morrón

Porciones: 1

Valores nutricionales por porción: 1 huevo

Calorías: 105

Grasa: 8 g

Carbohidratos: 2 g

Proteína: 6 g

Ingredientes:

- 1 cucharadita de mantequilla
- 1 huevo mediano
- 1/8 cucharadita de pimienta negra recién molida o al gusto
- 1 aro de pimiento morrón (de cualquier color), de aproximadamente 1/3 de pulgada de grosor • sal al gusto

Instrucciones:

1. En esta receta, aprenderá a hacer un huevo frito, pero con un toque diferente. El toque especial es el pimiento morrón. El pimiento morrón le da color y atractivo. Además, mantiene el huevo en su lugar.
2. Agregue mantequilla a una sartén antiadherente y colóquela a fuego medio. Coloque el pimiento morrón en la sartén y cocine durante 1 a 2 minutos. Voltee los lados y repita el procedimiento para este lado también.
3. Ahora rompa un huevo directamente en el aro de pimiento morrón. Baje un poco el fuego.
4. Pronto la clara del huevo estará cocida y la yema permanecerá líquida. Esto se llama huevo frito.
5. Ahora dale la vuelta al huevo junto con el pimiento morrón. Déjalo cocinar.
6. Cuando lo cocinas durante unos 30 segundos, se llama huevo frito. Cuando lo cocinas durante unos 60-100 segundos, se llama huevo frito. Cuando lo cocinas durante 2-3 minutos o hasta que la yema esté bien cocida, como un huevo duro, se llama huevo frito.

7. Cuando el huevo esté cocido a tu gusto (paso 4 o 5 o 6), sazona con sal y pimienta y sirve caliente.

Huevos Cara Graciosa

Porciones: 2

Valores nutricionales por porción: 1 cara

Calorías: 166

Grasa: 12 g

Carbohidratos: 4 g

Proteína: 1 g

Ingredientes:

- 3 huevos medianos
- 2 tomates cherry
- 1 cucharada de aceitunas negras en rodajas
- 1/8 taza de hojas de perejil fresco

- 1 cucharada de leche
- pimienta al gusto
- ¼ de pimiento morrón rojo o verde pequeño, cortado en rodajas finas
- ¼ de taza de queso cheddar o mozzarella rallado • sal al gusto

Instrucciones:

1. Casca los huevos en un bol. Agrega la leche, la sal y la pimienta y bate hasta que estén bien combinados.
2. Coloca una sartén antiadherente engrasada (de aproximadamente 8 a 9 pulgadas) a fuego medio-bajo. Puedes engrasar la sartén con aceite en aerosol.
3. Vierte la mezcla de huevos en la sartén caliente. Cubre la sartén con una tapa y deja que la tortilla se cocine durante 5 a 7 minutos.
4. Cuando la tortilla esté lista, apaga el fuego. Suelta con cuidado la tortilla con una espátula e inclina la sartén sobre una tabla de cortar para que la tortilla se deslice sobre ella.

5. Una vez que se enfríe, toma un cortador de galletas redondo (de aproximadamente 3 a 4 pulgadas de diámetro) y corta 2 círculos de la tortilla. Estas son las caras.
6. Mientras tanto, corta los tomates cherry en rodajas o gajos. Usa las aceitunas para hacer los ojos. Si quieres tener los ojos abiertos, deja que las rodajas de aceituna sean redondas. Si quieres tener los ojos cerrados, corta la rodaja en semicírculos. Las tiras de pimiento morrón se pueden usar para hacer las cejas o los labios. Usa el perejil o el queso rallado para hacer el cabello. Puedes usar los tomates para los ojos o la nariz. ¡Así que haz caras divertidas!
7. Puedes duplicar los ingredientes y hacer 2 caras más. Decora las caras como más te guste.

Nido Feliz

Porciones: 2

Valores nutricionales por porción: 1 nido

Calorías: 202

Grasa: 13 g

Carbohidratos: 11 g

Proteína: 12 g

Ingredientes:

- ½ taza de papas fritas congeladas, descongeladas
- 2 huevos
- 6 cucharadas de queso cheddar rallado, de consistencia mediana o añejo

Instrucciones:

1. Tome 2 moldes y rocíe un poco de aceite en aerosol en su interior.
2. Combine las papas fritas y el queso en un bol. Esto es para hacer el nido. Coloque cantidades iguales de la mezcla de queso en los moldes. Extienda la mezcla en el fondo y ligeramente en los lados de los moldes.
3. Rompa un huevo en cada molde. Tome un tenedor y pinche la yema en 2 o 3 lugares.
4. Cocine en microondas a potencia media-alta (70 % de potencia) durante 3 o 4 minutos o hasta que los huevos estén cocidos según sus preferencias. También puede hornearlos en el horno durante unos 20 minutos si lo desea.
5. Afloje los nidos pasando un cuchillo por todo el contorno del molde y colóquelos en platos para servir. Sirva.

Huevos de Queso Cottage

Porciones: 2

Valores nutricionales por porción: ½ receta

Calorías: 183

Grasa: 11 g

Carbohidratos: 3 g

Proteínas: 17 g

Ingredientes:
- 3 huevos
- 1/8 cucharadita de mantequilla
- 1 cucharadita de cebollino picado (opcional)
- ½ taza de requesón
- ¼ cucharadita de sal o al gusto
- ¼ cucharadita de pimienta o al gusto
- queso feta para decorar (opcional)

Instrucciones:

1. Batir los huevos en un bol. Agregar la sal, la pimienta y el requesón.
2. Derretir la mantequilla en una sartén a fuego medio.
3. Agregar la mezcla de huevos. Revolver intermitentemente hasta que los huevos estén cocidos.
4. Dividir los huevos en 2 platos. Decorar con cebollino y queso feta y servir.

Tostada de Garbanzo y Kale

Porciones: 1

Valores nutricionales por porción: 1 tostada

Calorías: 397

Grasa: 18 g

Carbohidratos: 40 g

Proteínas: 19 g

Ingredientes:

- ½ cucharada de aceite de oliva extra virgen

- 1 diente de ajo, pelado y picado
- pimienta al gusto
- ¼ taza de queso feta desmenuzado
- 4 tazas de col rizada picada
- ½ taza de garbanzos enlatados o cocidos
- 1 rebanada de pan integral
- sal al gusto

Instrucciones:

1. Agrega aceite en una sartén y colócala a fuego medio-alto. Cuando el aceite esté caliente, agrega el ajo y revuelve durante unos segundos hasta que obtengas un aroma agradable.
2. Agrega la col rizada. Cocina hasta que se ablande.
3. Agrega los garbanzos, la sal y la pimienta y revuelve. Calienta bien.
4. Mientras tanto, tuesta la rebanada de pan hasta que tenga el tono crocante deseado.
5. Unta la mezcla de garbanzos sobre la tostada.
6. Esparce el queso feta por encima y sirve.

Súper Botanas

Golosinas de Mantequilla de Maní

Porciones: 30

Valores nutricionales por porción: 1 golosina

Calorías: 70

Grasa: 3 g

Carbohidratos: 9 g

Proteína: 3 g

Ingredientes:

- ½ taza de miel

- 2/3 taza de leche en polvo descremada

- ¼ taza de migas de galletas graham

- 2/3 taza de mantequilla de maní en trozos

- 1 cucharadita de extracto de vainilla

- 2/3 taza de avena de cocción rápida

Instrucciones:

1. Para hacer migas de galletas graham, tome 2 o 3 galletas graham y colóquelas en una bolsa Ziploc. Sella la bolsa y colóquela sobre la mesada. Aplaste las galletas haciendo rodar un palo de amasar sobre ellas. Siga rodando hasta obtener migas.
2. Agregue la mantequilla de maní, la vainilla y la miel en un bol y revuelva hasta que quede suave. Si la mantequilla de maní está demasiado espesa, puedes derretirla en el microondas durante unos segundos.
3. Agrega las migas, la avena y la leche en polvo. Revuelve hasta que se integren bien.
4. Divide la mezcla en 30 porciones iguales. Toma cada porción y dale la forma que desees, como redonda, en forma de disco, oblonga, etc.

5. Coloca las golosinas en un plato. Cubre el plato con film transparente y mantenlo refrigerado. Pueden durar entre 8 y 10 días en el refrigerador.

Baritas de Pretzels Crujientes

Porciones: 12

Valores nutricionales por porción: 1 palito de pretzel

Calorías: 121

Grasa: 5 g

Carbohidratos: 19 g

Proteína: 3 g

Ingredientes:

- 12 palitos de pretzel

- 6 onzas de chispas de chocolate negro
- ½ taza de granola

Instrucciones:

1. Asegúrate de que la granola no contenga pasas. Coloca la granola en un plato. Ten otro plato listo en la mesada que esté forrada con papel encerado.
2. Coloca las chispas de chocolate en una taza apta para microondas y derrítelo en el microondas (1 a 2 minutos).
3. Toma un palito de pretzel y sumérgelo en el chocolate derretido de manera que solo la mitad del palito esté cubierto de chocolate.
4. Levanta el palito de pretzel y sostenlo sobre la taza para que caiga más chocolate en la taza.
5. Ahora, cubre la parte del pretzel bañada en chocolate con granola y colócala en el plato cubierto con papel encerado.
6. Cuando el chocolate se endurezca, estará listo para servir. Si quieres servirlo más tarde, colócalo en un recipiente hermético.

Bolitas Energéticas de Coco

Porciones: 6

Valores nutricionales por porción: 1 bolita

Calorías: 132

Grasa: 7 g

Carbohidratos: 17 g

Proteínas: 4 g

Ingredientes:

- ¼ taza de almendras
- 1 taza de dátiles medjool sin hueso
- ¾ taza de coco rallado sin azúcar
- 1 ½ cucharada de cacao en polvo

Instrucciones:

1. Coloque ½ taza de coco rallado en la jarra de la licuadora o procesador de alimentos. Agregue también los dátiles y las almendras.
2. Licue hasta que se integren bien. Raspe los lados de la jarra cuando sea necesario.
3. Mezcle con el cacao.
4. Saque un poco de la mezcla y presiónela en su puño. Si se pega y no se desmorona, genial, la masa está lista. Si se desmorona, agrega una cucharadita de leche o agua a la vez y mezcla hasta que la mezcla no se desmorone. Por lo general, no debería requerir más de 1 o 2 cucharaditas de líquido.
5. Retira la mezcla a un bol.
6. Esparce el coco rallado restante en un plato.
7. Divide la masa en 6 porciones iguales. Trabaja con una porción a la vez, sostén una porción entre las palmas de las manos y dales forma redonda u ovalada.

8. Cubre las bolas con coco rallado. Presiona ligeramente para que el coco se adhiera bien a las bolas y colócalas en un plato.
9. Enfría durante un par de horas y sirve. Si quieres prepararla con anticipación, guárdalas en un recipiente hermético en el refrigerador.

Brochetas Coloridas

Porciones: 7

Valores nutricionales por porción: 2 brochetas

Calorías: 118

Grasa: 0 g

Carbohidratos: 24 g

Proteínas: 2 g

Ingredientes:

- 14 frambuesas
- 14 gajos de mandarina
- 14 trozos de piña fresca
- 14 uvas verdes
- 28 arándanos
- 14 fresas, sin tallo
- 14 trozos de mango
- 14 trozos de kiwi • 14 uvas rojas
- 14 brochetas de madera

Instrucciones:

1. Debes usar 2 arándanos en cada brocheta y una de cada una de las otras frutas.
2. Así que sigue adelante y ensarta las frutas en las brochetas de la manera que prefieras.
3. Puedes servir de inmediato o enfriar y servir más tarde. Puedes eliminar cualquiera de estas frutas y agregar las que más te gusten.

Hummus de Zanahoria

Porciones: 5

Valores nutricionales por porción: 1/5 de la receta

Calorías: 92

Grasa: 6 g

Carbohidratos: 8 g

Proteínas: 3 g

Ingredientes:

- ½ lata (de una lata de 15 onzas) de garbanzos
- 1 ½ cucharada de tahini
- 1 cucharadita de jugo de limón
- sal al gusto

- pimienta al gusto
- 1 taza de zanahorias picadas
- 1 cucharada de aceite de oliva
- 2 dientes de ajo pequeños, pelados y machacados
- ½ cucharadita de comino molido

Instrucciones:

1. Para cocinar las zanahorias: Coloque las zanahorias en una cacerola pequeña. Cúbralas con agua y colóquelas a fuego medio. Una vez que las zanahorias estén blandas, escurra el agua y déjelas enfriar.
2. Coloque los garbanzos y las zanahorias en la jarra de la licuadora. Añade una o dos cucharadas de agua de la lata de garbanzos. Licúa la mezcla hasta que quede muy suave. Si es necesario, añade más agua de los garbanzos.
3. Sirve el hummus de zanahoria con rebanadas de pan de masa fermentada tostado o rebanadas de pan pita o galletas saladas o palitos de verduras crudas (como pepino, apio, zanahorias, etc.).

Rollos de Granola con Mantequilla de Maní

Porciones: 4

Valores nutricionales por porción: 2 rollitos

Calorías: 120

Grasa: 6 g

Carbohidratos: 14 g

Proteína: 4 g

Ingredientes:

- ¼ de taza de granola (sin pasas)
- 1 tortilla de harina (20 cm)
- 2 cucharadas de mantequilla de maní cremosa
- 1 cucharadita de miel

Instrucciones:

1. Coloca la tortilla sobre la tabla de cortar. Unta la tortilla con mantequilla de maní y espolvorea la miel por todas partes.
2. Esparce la granola por encima. Comenzando por el borde más cercano a ti, comienza a enrollar la tortilla hasta el otro extremo.
3. Córtala en rebanadas de 2,5 cm y sirve.

Barras de Proteína

Porciones: 8

Valores nutricionales por porción: 1 barra, sin ingredientes opcionales

Calorías: 184

Grasa: 9 g

Carbohidratos: 18 g

Proteínas: 10 g

Ingredientes:

- 6 cucharadas de mantequilla de maní o cualquier otra mantequilla de frutos secos o semillas
- 3 cucharadas de edulcorante natural líquido como miel o jarabe de arce o néctar de agave
- ¼ taza de semillas de lino molidas
- 1 cucharada de extracto de vainilla
- ¾ taza de avena tradicional
- ½ plátano maduro, machacado
- una pizca de sal
- ½ taza de proteína en polvo
- ¾ taza de dátiles picados o chips de chocolate pequeños o bayas secas o pasas o coco rallado sin azúcar (opcional)

Instrucciones:

1. Combine la mantequilla de maní, la miel, la vainilla y el plátano en un tazón. 2. Agrega las semillas de lino, la avena, la sal y la proteína en polvo y mezcla hasta que estén bien incorporadas.
2. Si la mezcla de avena está muy seca, agrega un poco de agua y mezcla bien. Asegúrate de que la mezcla de avena no se desmorone. Agrega agua según corresponda.
3. Coloca la mezcla en una cacerola pequeña y cuadrada. Presiona bien la mezcla y enfríala durante un par de horas. Córtala en 8 barras del mismo tamaño y guárdalas en un recipiente hermético en el refrigerador. Pueden durar entre 20 y 25 días.

Ensalada Caprese

Porciones: 4

Valores nutricionales por porción: 1 rodaja de tomate y otra de queso

Calorías: 98

Grasa: 7 g

Carbohidratos: 2 g

Proteínas: 6 g

Ingredientes:

- 4 rodajas de tomate (de aproximadamente ¼ de pulgada de grosor)
- ¼ de taza de hojas de albahaca fresca
- sal al gusto
- pimienta al gusto

- 4 onzas de queso mozzarella fresco, cortado en 4 rodajas (de aproximadamente ¼ de pulgada de grosor)
- 1 cucharadita de aceite de oliva extra virgen

Instrucciones:

1. Coloque rebanadas de queso y tomates alternadas y ligeramente superpuestas en un plato pequeño.
2. Rocíe aceite sobre ellas. Adorne con albahaca, sal y pimienta. Enfríe si lo desea y sirva.

Paletas de Frutas

Porciones: 3

Valores nutricionales por porción: 1 paleta

Calorías: 44

Grasa: 0 g

Carbohidratos: 11 g

Proteínas: 0 g

Ingredientes:

- ½ banana grande, picada • ½ taza de jugo de manzana sin azúcar
- 2 fresas grandes, sin tallo, picadas

Instrucciones:

1. Distribuye las frutas de manera uniforme en 3 moldes para paletas.
2. Vierte el jugo de manzana en los moldes. Inserta palitos de paleta en cada molde y congela hasta que esté listo para servir.

Bruschetta de Tomate y Albahaca

Porciones: 6

Valores nutricionales por porción: 2 bruschetta

Calorías: 169

Grasa: 10 g

Carbohidratos: 18 g

Proteínas: 4 g

Ingredientes:

- 12 rebanadas de pan italiano o francés, de ½ pulgada de grosor cada una
- 1 libra de tomates maduros frescos, sin semillas, cortados en cubos de ¼ de pulgada
- 12 hojas de albahaca, en rodajas finas
- 1 cucharada de vinagre balsámico (opcional)
- 4 cucharadas de aceite de oliva extra virgen

- sal al gusto
- pimienta negra recién molida al gusto
- 1 diente de ajo grande, pelado y cortado por la mitad

Instrucciones:

1. Combine los tomates, la albahaca, 2 cucharadas de aceite de oliva, vinagre balsámico si se usa, pimienta y sal en un tazón.
2. Mientras la mezcla de tomates reposa, coloque una sartén para parrilla a fuego medio. 3. Pincela el aceite restante en ambos lados de las rebanadas de pan y colócalas en la sartén (tuéstalas en tandas).
3. Tuesta el pan hasta que aparezcan marcas de parrilla en el lado inferior del pan.
4. Da vuelta los lados y tuesta el otro lado también.
5. Retira el pan de la sartén y frota uno de los lados del pan con ajo.
6. Mantén las rebanadas de pan en un plato para servir (el lado frotado con ajo hacia arriba).

7. Unta la mezcla de tomate sobre las rebanadas de pan. Vierte el líquido restante del tazón sobre los tomates y sirve de inmediato.

Palitos de Pizza de Pepperoni con Queso

Porciones: 5

Valores nutricionales por porción: 1 barra, sin salsa marinara

Calorías: 249

Grasa: 14 g

Carbohidratos: 20 g

Proteínas: 11 g

Ingredientes:

- 4 onzas de masa de pizza Pillsbury

- 5 palitos de queso mozzarella
- ¼ de cucharadita de ajo en polvo
- salsa marinara para servir (opcional)
- 20 rodajas de pepperoni
- 1 cucharada de mantequilla
- ¼ de cucharadita de perejil seco

Instrucciones:

1. Después de ajustar la temperatura del horno a 450° F, precaliente el horno.
2. Engrase ligeramente una bandeja para hornear pintándola con un poco de aceite.
3. Desdoble la masa sobre la bandeja para hornear. Córtela en 5 trozos iguales.
4. Coloque 4 rodajas de pepperoni sobre cada trozo. Coloca un palito de queso sobre cada uno, a lo largo del rectángulo. Enrolla cada trozo de masa junto con el palito de queso. Presiona todos los bordes para que el queso quede sellado dentro de la masa.
5. Derrite la mantequilla en el microondas o en una sartén pequeña. Mezcla el ajo en polvo y el perejil con la

mantequilla. Pincela los palitos con esta mantequilla de hierbas y coloca la bandeja para hornear en el horno hasta que se doren.

6. Déjalos enfriar durante unos 10 minutos antes de servir. No tengas prisa por comerlos, ya que el queso del interior estará muy caliente.
7. Sirve con salsa marinara si la usas.

Conos de Quesadilla

Porciones: 10

Valores nutricionales por porción: 2 conos, sin salsa

Calorías: 429

Grasa: 24 g

Carbohidratos: 28 g

Proteínas: 22 g

Ingredientes:

- 1 ½ taza de pollo cocido y desmenuzado
- ½ pimiento rojo picado
- ½ cebolla picada
- ½ jalapeño picado
- 10 tortillas del tamaño de un taco, cortadas por la mitad
- 1 ½ taza de queso Monterey Jack rallado
- 1 ½ taza de queso cheddar rallado

Instrucciones:

1. La temperatura del horno debe estar establecida a 375° F. Ahora precaliente el horno.
2. Combine el pollo, las verduras y la salsa para tacos en un tazón.
3. Esparce aproximadamente 2 cucharadas de queso cheddar, 2 cucharadas de mezcla de pollo y 2 cucharadas de queso Monterey Jack sobre cada tortilla.

4. Comienza a enrollar la tortilla (desde uno de los bordes cortados hasta el otro borde cortado) para formar un cono.
5. Coloca los conos en una bandeja para hornear cubierta con papel pergamino, con la costura hacia abajo. Espolvorea el queso restante sobre los conos y colócalos en el horno.
6. Cuando los bordes de las tortillas estén crujientes, apaga el horno.
7. Sirve con una salsa si lo deseas.

Gajos de Papa con Parmesano y Ajo

Porciones: 4

Valores nutricionales por porción: ¼ de receta, sin salsa

Calorías: 202

Grasa: 9 g

Carbohidratos: 26 g

Proteínas: 5,5 g

Ingredientes:

- 2 papas grandes, sin pelar, enjuagadas y cortadas en gajos • 1 cucharadita de sal
- 1 cucharadita de condimento italiano
- hierbas frescas para decorar
- 2 cucharadas de aceite de oliva
- 1 cucharadita de ajo en polvo
- ¼ de taza de queso parmesano rallado
- salsa de su elección

Instrucciones:

1. Ajuste la temperatura del horno a 375° F y precaliente el horno.
2. Mezcle los gajos de papa con el aceite. Combine los condimentos en un tazón pequeño y espolvoréelos sobre las papas. Agregue el queso y mezcle bien.

3. Extienda las papas en una bandeja para hornear engrasada, sin superponerlas. Colócalo en el horno hasta que las patatas adquieran un color dorado.
4. Decora con hierbas picadas y sirve con salsa.

Huevos Rellenos con Aguacate

Porciones: 3

Valores nutricionales por porción: 2 huevos rellenos

Calorías: 239

Grasa: 20 g

Carbohidratos: 10 g

Proteínas: 8 g

Ingredientes:

- 3 huevos grandes
- ½ cucharada de jugo de limón
- ½ cucharada de crema agria
- ½ pimiento como serrano o jalapeño
- ¼ de cucharadita de sal
- ½ cucharada de cilantro picado y más para decorar
- ½ cucharada de cebollino picado o cebolla verde
- 1 aguacate maduro, pelado y sin hueso

Instrucciones:

1. También aprenderás a hervir huevos.
2. Para hervir huevos: coloca una cacerola llena de agua a fuego alto. Cuando el agua comience a hervir, baja el fuego a mínimo. Baja con cuidado los huevos a la cacerola, uno a la vez, usando un cucharón o una cuchara grande.
3. Si quieres huevos pasados por agua, cocínalos durante 4 a 5 minutos, según el tamaño de los huevos.

4. Si quieres huevos pasados por agua a medio cocer, cocínalos durante 7 a 8 minutos, según el tamaño de los huevos.
5. Si quieres huevos duros, cocínalos durante 8 a 10 minutos, según el tamaño de los huevos.
6. Cuando los huevos estén cocidos según tu preferencia, escúrrelos y agrega agua fría a la cacerola.
7. Pélalos después de 4 a 5 minutos y úsalos según sea necesario.
8. Para esta receta necesitas huevos duros. Corta los huevos en 2 mitades a lo largo.
9. Retira las yemas de los huevos y tritúralas con el aguacate.
10. Agrega el jugo de limón, la crema agria, la pimienta, la sal, el cilantro y las cebolletas.
11. Coloca esta mezcla con una cuchara en las cavidades de los huevos y forma un montículo en la superficie de los huevos. De esta manera, tendrás 6 huevos rellenos en total.
12. Decorar con cilantro y servir.

Barras de Arándano

Porciones: 8

Valores nutricionales por porción: 1 barra

Calorías: 105

Grasa: 5 g

Carbohidratos: 15 g

Proteínas: 2 g

Ingredientes:
- ½ taza de avena tradicional
- 3 cucharadas de azúcar morena
- 1/7 cucharadita de sal
- 1 taza de arándanos frescos
- 1 ½ cucharadita de azúcar granulada, dividida
- 6 cucharadas de harina integral blanca o harina común
- Un cuarto de cucharadita de canela molida
- 3 cucharadas de mantequilla derretida sin sal
- ½ cucharadita de maicena

- 1 ½ cucharadita de azúcar granulada, dividida

Instrucciones:
1. La temperatura del horno debe estar establecida a 375° F. Precaliente el horno. 2. Se debe forrar una fuente para horno pequeña y cuadrada con papel de pergamino de manera que sobresalga por 2 lados opuestos.
2. Agregue la avena, el azúcar morena, la sal, la harina y la canela en un bol y mezcle bien.
3. Mezcle la mantequilla derretida. Retire aproximadamente ¼ de taza de esta mezcla y guárdela por ahora.
4. Transfiera la mezcla restante a la fuente para horno y presiónela bien contra el fondo de la fuente.
5. Esparza la mitad de los arándanos sobre la corteza. Espolvoree la maicena sobre las bayas.
6. Rocíe el jugo de limón y esparza la mitad del azúcar sobre las bayas.
7. Esparza los arándanos restantes seguidos del azúcar restante. Finalmente, esparza la mezcla de avena que había reservado.

8. Hornee hasta que la mezcla de avena de la parte superior se dore. Después de enfriar durante unos 10 minutos, sáquela de la fuente para horno y déjela enfriar.
9. Cortar en 8 barras iguales cuando se enfríen y colocarlas en un recipiente hermético en el refrigerador. Pueden durar una semana.

Smoothie de Tres Moras

Porciones: 2

Valores nutricionales por porción: 1 batido, con agua

Calorías: 235

Grasa: 1 g

Carbohidratos: 48 g

Proteínas: 13 g

Ingredientes:

- 2 plátanos, en rodajas, congelados
- 1 taza de yogur griego
- ½ taza de fresas congeladas
- 1 taza de arándanos congelados
- ½ taza de frambuesas congeladas
- 2 tazas de leche o agua
- 2 puñados de espinacas (opcional)

Instrucciones:

1. Licúa los plátanos, las bayas, el yogur, el agua y las espinacas en una licuadora hasta que quede una mezcla homogénea.
2. Vierte en dos vasos y sirve.

Smoothie de Zanahoria

Porciones: 1

Valores nutricionales por porción: 1 batido

Calorías: 185

Grasa: 0,7 g

Carbohidratos: 46,9 g

Proteínas: 2,2 g

Ingredientes:

- ½ taza de zanahorias peladas y cortadas en rodajas finas
- ½ plátano, cortado en rodajas
- ¼ de taza de piña o mango congelado
- ¼ de cucharadita de jengibre rallado (opcional)
- 1/8 de cucharadita de canela molida (opcional)

- ½ manzana grande, sin corazón, sin pelar, cortada en cubos
- ¼ de taza de jugo de naranja fresco
- cubitos de hielo, según sea necesario

Instrucciones:

1. Licúa las zanahorias, el plátano, la piña, el jengibre, la canela, la manzana y el jugo de naranja en una licuadora hasta que quede una mezcla homogénea.
2. Agrega hielo y licúa hasta que esté bien frío.
3. Vierte en un vaso y sirve.

Lista de Víveres

Espero que estés disfrutando las recetas. Si quieres una lista de compras con todos los artículos que necesitas para cocinar las recetas de este libro, solo escanea el código QR que aparece a continuación para obtenerla.

Recetas para el Almuerzo

Wrap de Vegetales

Porciones: 2

Valores nutricionales por porción: 1 wrap

Calorías: 351

Grasa: 17 g

Carbohidratos: 41 g

Proteínas: 14 g

Ingredientes:

- 2 tortillas grandes de harina integral
- ½ taza de edamame cocido y desgranado
- ½ aguacate, pelado, sin hueso, cortado en rodajas finas

- ½ pepino inglés, picado
- 1/3 taza de hummus
- 1 taza de hojas tiernas de espinaca
- ½ zanahoria grande, rallada
- cualquier otra verdura cruda de su elección
- 1 cucharadita de aceite de oliva
- pimienta al gusto

Instrucciones:

1. Coloque las tortillas en platos individuales para servir. Unte la mitad del hummus sobre cada una.
2. Divida en partes iguales las verduras y el aguacate y esparza sobre las tortillas. Agregue pimienta al gusto. Rocíe ½ cucharadita de aceite sobre cada tortilla.
3. Enróllelas y sirva.

Wraps de Pavo Ranchero

Porciones: 2

Valores nutricionales por porción: 1 wrap

Calorías: 403

Grasa: 25 g

Carbohidratos: 19 g

Proteínas: 26 g

Ingredientes:

- 4 rebanadas finas de pavo cocido; ½ tomate grande, en rodajas finas
- ½ taza de lechuga rallada
- 3 cucharadas de aderezo ranch para ensaladas
- 2 tortillas de harina (de 6 pulgadas cada una), a temperatura ambiente
- ½ pimiento verde (tamaño mediano), en rodajas finas
- ½ taza de queso cheddar rallado

Instrucciones:

1. Coloque las tortillas en platos individuales para servir. Coloque en cada tortilla 2 rebanadas de pavo seguidas de la mitad de cada una: pimiento, tomate, queso y lechuga.
2. Unte 1 ½ cucharada de aderezo ranch en cada una. Sirva

Ensalada de Pollo

Porciones: 3

Valores nutricionales por porción: 1/3 de la receta, sin opciones de porciones

Calorías: 208

Grasa: 9 g

Carbohidratos: 10 g

Proteínas: 23 g

Ingredientes:

- 1 ½ taza de pollo cocido y picado
- 1 tallo de apio, cortado en cubitos
- ¼ de taza de almendras, en rodajas
- jugo de ½ limón
- algunas hojas de perejil, desmenuzadas
- ¼ de cucharadita de pimienta recién molida
- ½ taza de uvas rojas, cortadas en 2 mitades
- 1 cebolla de verdeo, en rodajas
- ½ taza de yogur griego natural
- ½ cucharadita de mostaza Dijon
- ¼ de cucharadita de sal

Instrucciones:

1. Puedes usar las almendras como están o tostarlas. Para tostarlas, colócalas en una sartén pequeña y ponla a fuego medio. Revuelve constantemente hasta que adquieran un color marrón claro. Retira la sartén del fuego y deja que las almendras se enfríen.

2. Mientras tanto, bate el jugo de limón, el perejil, la pimienta, la sal, la mostaza y el yogur en un bol.
3. Agrega el pollo, las uvas, la cebolla de verdeo y el apio y mezcla bien.
4. Agrega las almendras. Cubre el bol y deja enfriar hasta que esté listo para servir.
5. Puedes servirlo así como está o como relleno para sándwiches o wraps o con galletas.

Panini de Pollo

Porciones: 1

Valores nutricionales por porción: 1 sándwich

Calorías: 653

Grasa: 42 g

Carbohidratos: 40 g

Proteínas: 28 g

Ingredientes:

- 1 ½ cucharada de mayonesa
- ½ cucharadita de jugo de limón
- 1/8 cucharadita de ralladura de limón
- 2 rebanadas de pan de masa fermentada
- 2 rebanadas de tocino completamente cocido
- 1 rodaja de cebolla roja redonda, separa los aros
- 1 cucharada de mantequilla derretida
- 1 cucharada de queso parmesano rallado
- ¼ de cucharadita de pesto preparado
- pimienta al gusto
- 2 onzas de pollo rostizado en rodajas
- 1 rebanada de queso mozzarella ahumado semidescremado
- 2 rebanadas de tomate

Instrucciones:

1. Unta ¾ de cucharada de mayonesa en un lado de cada rebanada de pan. 2. Coloque las rodajas de pollo sobre una rebanada de pan, sobre el lado de la mayonesa. Coloque una capa de tocino, tomate, cebolla y queso.
2. Coloque la otra rebanada de pan sobre el sándwich con el lado de la mayonesa hacia abajo.
3. Pinte con mantequilla derretida ambos lados del sándwich y colóquelo en una máquina para hacer panini.
4. Cocine hasta que el pan esté dorado según su preferencia. Córtelo en la forma deseada y sirva.

Quesadillas con Aguacate

Porciones: 2

Valores nutricionales por porción: 2 quesadillas sin pico de gallo extra

Calorías: 611

Grasa: 37 g

Carbohidratos: 54 g

Proteínas: 20 g

Ingredientes:

- ½ cucharada de aceite de canola
- 1 taza de mezcla de queso mexicano rallado
- ½ aguacate grande maduro, pelado, sin hueso y cortado en rodajas finas
- 8 tortillas de maíz (de 6 pulgadas cada una)
- ½ taza de pico de gallo y un poco más para servir
- 1/8 taza de cilantro fresco picado

Instrucciones:

1. Coloque una plancha a fuego medio. Pinte la plancha con aceite.
2. Humedezca ligeramente las tortillas rociándolas con un poco de agua. Coloque 4 de ellas en la plancha. Deje las tortillas restantes a un lado por ahora. Espolvoree ¼ de

taza de queso sobre cada tortilla. Cuando el queso se derrita un poco, esparce 2 cucharadas de Pico de Gallo sobre cada tortilla. Esparce aguacate y cilantro sobre las tortillas.
3. Ahora coloca una tortilla sobre cada una (usando las que reservaste). Presiona ligeramente.
4. Cuando la parte inferior esté dorada según tu preferencia, voltea los lados y dora el otro lado también.
5. Córtala en cuartos y sírvela con un poco más de Pico de Gallo si lo deseas.

Sándwiches Platillo Volador

Porciones: 2

Valores nutricionales por porción: 2 sándwiches

Calorías: 539

Grasa: 39 g

Carbohidratos: 29 g

Proteínas: 20 g

Ingredientes:

- 4 cucharadas de mayonesa
- 4 mitades de pan pita
- 8 rebanadas finas de mortadela
- 8 rebanadas finas de tomate
- 1 cucharada de mostaza de Dijon
- 4 hojas de lechuga
- 4 rebanadas finas de jamón cocido

Instrucciones:

1. Mezcle la mayonesa y la mostaza y esparza dentro de los panes pita.
2. Coloque una hoja de lechuga y una rebanada de jamón dentro de cada pan.
3. Coloque 2 rebanadas de mortadela y 2 rebanadas de tomate dentro de cada pan y sirva.

Pizza Sándwiches

Porciones: 2

Valores nutricionales por porción: 1 sándwich

Calorías: 495

Grasa: 31 g

Carbohidratos: 33 g

Proteínas: 22 g

Ingredientes:

- 4 rebanadas de pan italiano de ¾ de pulgada cada una
- 4 rebanadas de tomate
- 1/8 cucharadita de sal de ajo; 2 cucharadas de mantequilla, ablandada

- 4 rebanadas de queso mozzarella parcialmente descremado
- 2 cucharaditas de queso parmesano rallado
- 12 rebanadas de pepperoni
- Salsa de pizza tibia para servir

Instrucciones:

1. Tome 2 rebanadas de pan y coloque una rebanada de mozzarella en cada una seguida de 2 rebanadas de tomate. Unte una cucharadita de queso parmesano sobre las rodajas de tomate. Espolvoree un poco de sal de ajo. Divida las rebanadas de pepperoni en partes iguales y colóquelas sobre la capa de tomate. 2. Colocar una loncha de mozzarella y cubrir con una rebanada de pan.
2. Untar con mantequilla el exterior del sándwich y cocinar en una plancha hasta que tome un color dorado.
3. Cortar en la forma deseada y servir con la salsa para pizza.

Macarrones con Queso

Porciones: 2

Valores nutricionales por porción: ½ receta, sin ingredientes opcionales

Calorías: 404

Grasa: 17,1 g

Carbohidratos: 42,7 g

Proteínas: 19 g

Ingredientes:

- 1 taza de macarrones crudos o pasta de caracol
- ½ cucharadita de sal
- 1 taza de queso Monterey Jack o provolone rallado
- ½ taza de leche
- 1 taza de verduras o carne o tofu en cubitos (opcional)

- mostaza en polvo al gusto
- 1 taza de agua

Instrucciones:

1. Asegúrate de usar guantes de cocina para levantar el recipiente dentro y fuera del microondas (para revolver).
2. Coloca la pasta en un plato hondo apto para microondas. Agrega agua y sal y revuelve.
3. Colócala en el microondas y cocínala a potencia alta durante aproximadamente 2 minutos.
4. Revuelve la pasta y cocínala durante 6 a 8 minutos, revolviéndola cada 2 minutos. Si no hay líquido en el plato y la pasta no está cocida, añade unas 3 o 4 cucharadas de agua.
5. A continuación, añade la leche y el queso y revuelve. Cocínala durante otros 60 a 90 segundos, revolviendo cada 30 segundos.
6. Una vez que el queso se derrita y se convierta en una salsa espesa, estará lista para servir.

Sopa de Fideos con Pollo

Porciones: 3

Valores nutricionales por porción: 1 tazón

Calorías: 320

Grasa: 8 g

Carbohidratos: 46 g

Proteínas: 17 g

Ingredientes:

- 6 onzas de fideos de huevo precocidos congelados
- 1 taza de pollo rostizado desmenuzado
- ½ cucharadita de tomillo seco
- 1 ¼ tazas de sopa de pollo en crema condensada enlatada
- 6 onzas de verduras mixtas congeladas

Instrucciones:

1. Hierve aproximadamente de 4 a 5 tazas de agua en una olla. Coloca los fideos en el agua hirviendo. Cocina durante 3 minutos a fuego medio-bajo.
2. Conserva aproximadamente 2 tazas del agua de la olla de fideos y escurre el resto.
3. Deja los fideos a un lado. Vierte el agua retenida en la olla. Añade el pollo, el tomillo, las verduras y la crema de pollo. Calienta bien la sopa. Añade los fideos y revuelve.
4. Divide la sopa en 3 tazones y sirve.

Sopa de Tortellinis con Espinaca

Porciones: 3

Valores nutricionales por porción: 1 tazón

Calorías: 164

Grasa: 5 g

Carbohidratos: 25 g

Proteínas: 7 g

Ingredientes:

- ½ cucharadita de aceite de oliva
- ½ lata (de una lata de 14,5 onzas) de tomates sin sal cortados en cubitos con su líquido
- 1 cucharadita de condimento italiano
- 2 tazas de espinaca fresca
- pimienta recién molida al gusto
- 1 diente de ajo, picado
- sal al gusto
- 1 ½ lata (14,5 onzas cada una) de caldo de verduras
- ½ paquete (de un paquete de 9 onzas) de tortellini de queso refrigerados
- queso parmesano rallado para decorar

Instrucciones:

1. Agrega aceite en una cacerola y colócala a fuego medio. Una vez que el aceite esté caliente, agrega el ajo. Sigue removiendo hasta que desprendas un aroma agradable, teniendo cuidado de no quemarlo.
2. Agrega el caldo de verduras, los tomates y el condimento italiano. Cuando empiece a hervir, echa los tortellini en la cacerola. Deja que hierva suavemente a fuego medio-bajo hasta que estén al dente.
3. Agrega las espinacas y revuelve. Retira la cacerola del fuego. Prueba un poco de la sopa y agrega sal si es necesario.
4. Divide la sopa en tres tazones y sírvela adornada con queso parmesano rallado y pimienta.

Omelette de Queso Crema y Cebollines

Porciones: 1

Valores nutricionales por porción: 1 tortilla, sin salsa

Calorías: 305

Grasa: 27 g

Carbohidratos: 2 g

Proteínas: 15 g

Ingredientes:

- ½ cucharada de aceite de oliva
- 1 cucharada de cebollino picado
- una pizca de sal
- 1 onza de queso crema, cortado en cubitos
- 2 huevos grandes
- 1 cucharada de agua
- una pizca de pimienta

Instrucciones:

1. Coloque una sartén antiadherente pequeña a fuego medio-alto. Vierta ½ cucharada de aceite y haga girar la sartén para esparcir el aceite.
2. Mientras se calienta el aceite, rompa los huevos en un bol.
3. Agregue agua, cebollino y condimentos y bata bien.
4. Vierta el huevo en la sartén. Incline la sartén para esparcir el huevo. Cuando la tortilla esté lista, esparce cubitos de queso crema sobre una mitad de la tortilla.
5. Levanta la otra mitad de la tortilla y colócala sobre el relleno. Presiona ligeramente.
6. Cuando el queso se derrita, la tortilla estará lista para servir. Puedes servirla con un poco de kétchup o salsa.

Ensalada de Frijoles a la Mexicana

Porciones: 4

Valores nutricionales por porción: ¼ de receta

Calorías: 334

Grasa: 15 g

Carbohidratos: 42 g

Proteína: 11 g

Ingredientes:

- ½ lata de frijoles rojos (de una lata de 15 onzas), escurridos y enjuagados
- ½ lata de frijoles negros (de una lata de 15 onzas), escurridos y enjuagados
- ½ lata de frijoles cannellini (de una lata de 15 onzas), escurridos y enjuagados
- ½ pimiento rojo, picado

- ½ pimiento verde, picado
- ½ cebolla, cortada en cubitos
- 1/8 taza de cilantro picado
- 2 dientes de ajo pequeños, machacados
- 5 onzas de granos de maíz congelados, descongelados
- 4 cucharadas de aceite de oliva
- 1 cucharada de jugo de lima fresco
- 4 cucharadas vinagre de vino tinto
- ½ cucharada de jugo de limón fresco
- 1 cucharada de azúcar
- ¾ cucharadita de comino molido
- ¼ cucharadita de chile en polvo
- ¾ cucharadita de pimienta negra molida
- salsa picante al gusto
- ½ cucharada de sal o al gusto

Instrucciones:

1. Agrega frijoles rojos, frijoles negros, frijoles cannellini y vegetales en un tazón y mezcla bien.

2. El aderezo se prepara mezclando el ajo, el cilantro, el aceite, el jugo de lima, el vinagre, el jugo de limón, el azúcar, la sal, el comino, el chile en polvo y la salsa picante.
3. Combina la ensalada con el aderezo. Cubre y refrigera hasta usar.

Ensalada de la Diosa Verde con Garbanzos

Porciones: 1

Valores nutricionales por porción: 1 plato

Calorías: 304

Grasa: 8 g

Carbohidratos: 40 g

Proteínas: 22 g

Ingredientes:

- ½ aguacate, pelado, sin hueso, picado
- 1/8 taza de hierbas frescas picadas de su elección
- ¼ cucharadita de sal
- ¾ taza de suero de leche
- 1 cucharada de vinagre de arroz Para la ensalada:
- ½ taza de pepino en rodajas
- 1/8 taza de queso suizo bajo en grasa cortado en cubitos
- 1 ½ tazas de lechuga romana picada
- ¾ taza de garbanzos cocidos, enjuagados
- 3 tomates cherry, cortados por la mitad

Instrucciones:

1. Para preparar el aderezo: Licue el aguacate, las hierbas, la sal, el suero de leche y el vinagre en una licuadora hasta que quede una mezcla muy suave. Utilice 4 cucharadas del aderezo y guarde el resto en un recipiente hermético en el refrigerador para otro uso. Puede durar 3 días.

2. Combine la lechuga, el pepino y el aderezo en un bol. Esparza los garbanzos, los tomates y el queso por encima y sirva.

Panini Caprese a la Parrilla

Porciones: 2

Valores nutricionales por porción: 1 sándwich

Calorías: 379

Grasa: 4 g

Carbohidratos: 29 g

Proteínas: 5 g

Ingredientes:

- 2 panes ciabatta, cortados por la mitad o 4 rebanadas de pan de masa fermentada

- 6 rodajas de tomate
- 4 cucharadas de aceite de oliva
- sal al gusto
- pimienta negra recién molida al gusto
- 4 rebanadas de queso mozzarella fresco
- ½ taza de hojas de albahaca fresca
- 2 cucharaditas de vinagre balsámico

Instrucciones:

1. Pincela una cucharada de aceite en la mitad inferior (exterior) de cada pan ciabatta.
2. Precalienta una sartén para panini o grill y coloca la mitad inferior de los panecillos sobre ella.
3. Distribuye de manera uniforme la mozzarella, la albahaca y las rodajas de tomate y colócalas sobre la mitad inferior del pan.
4. Rocía una cucharadita de vinagre sobre cada uno. Espolvorea los condimentos y cubre el sándwich con la mitad superior de los panecillos. Pincela una cucharada de aceite en la mitad superior (exterior) de cada panecillo.

5. Si estás cocinando el sándwich en el panini, cierra el panini y cocínalo hasta que alcance el punto de cocción deseado.
6. Si lo estás cocinando en la parrilla, coloca algo pesado sobre el sándwich hasta que la parte inferior esté dorada según tus preferencias. Ahora da vuelta el sándwich y cocina también el otro lado.
7. Córtalo en la forma deseada y sírvelo.

Sloppy Joes

Porciones: 3

Valores nutricionales por porción: 1 sándwich

Calorías: 243

Grasa: 16 g

Carbohidratos: 11 g

Proteína: 14 g

Ingredientes:

- ½ libra de carne molida magra
- 1/8 taza de pimiento verde
- ½ cucharada de azúcar morena o al gusto
- ¼ cucharadita de ajo en polvo
- 1/8 cucharadita de mostaza amarilla o al gusto
- pimienta negra molida al gusto
- sal al gusto
- 1/8 taza de cebolla picada
- 6 cucharadas de ketchup
- 3 panecillos para hamburguesa, partidos

Instrucciones:

1. Coloque la carne en una sartén y cocine a fuego medio, revolviendo con frecuencia.
2. Cuando la grasa comience a soltarse, agregue el pimiento y la cebolla y cocine hasta que las verduras estén tiernas.

3. Agrega el azúcar moreno, el kétchup, la mostaza y los condimentos y revuelve.
3. Cocina a fuego lento durante unos 20 minutos, revolviendo con frecuencia.
4. Distribuye la mezcla de manera uniforme y colócala sobre la mitad inferior de los panecillos. Coloca la parte superior de los panecillos y sirve.

Garbanzo con Pollo

Porciones: 2

Valores nutricionales por porción: ½ receta

Calorías: 630

Grasa: 42 g

Carbohidratos: 22 g

Proteínas: 39 g

Ingredientes:

- ½ lata (de una lata de 15,5 onzas) de garbanzos, escurridos, enjuagados
- 1 cucharada de salsa harissa • cilantro picado para decorar
- 8 onzas de pimientos dulces mini
- 1 ¼ libras de muslos de pollo con piel
- 1 cucharada de aceite de oliva, dividida
- 1/8 cucharadita de sal o al gusto
- 1/8 cucharadita de pimienta o al gusto

Instrucciones:

1. Después de ajustar la temperatura del horno a 425° F, precaliente el horno.
2. Coloque los garbanzos y los pimientos dulces en una fuente para horno. Agregue ½ cucharada de aceite, sal y pimienta y mezcle bien.
3. Combina ½ cucharada de aceite y harissa y úntalo sobre las patas de pollo. Luego frota esta mezcla sobre las patas

de pollo. Colócala en la fuente. Asegúrate de que las patas de pollo estén rodeadas de pimientos dulces y garbanzos.
4. Coloca la fuente para hornear en el horno hasta que el pollo se dore por fuera y esté bien cocido por dentro.
5. Agrega el cilantro y mezcla bien.
6. Sirve caliente.

Bowl de Puttanesca de Camarón con Arroz

Porciones: 2

Valores nutricionales por porción: 1 tazón

Calorías: 336,1

Grasa: 8,7 g

Carbohidratos: 36,2 g

Proteínas: 28,2 g

Ingredientes:

- ½ cucharada de aceite de oliva
- 1 ½ filete de anchoa, enjuagado, picado
- ½ lata (de una lata de 24 onzas) de tomates cortados en cubitos pequeños
- 1/8 taza de aceitunas kalamata sin hueso y cortadas en cuartos
- 1/8 taza de perejil italiano picado
- 2 dientes de ajo, picados
- hojuelas de pimiento rojo triturado al gusto (opcional)
- 1 cucharada de alcaparras
- ½ libra de camarones, pelados y desvenados
- 1 taza de arroz integral cocido

Instrucciones:

1. Agrega aceite en una sartén y colócala a fuego medio. Cuando el aceite esté caliente, agrega el ajo, las anchoas y las hojuelas de pimiento rojo. Mientras revuelves, rompe las anchoas.

2. Después de unos 2 minutos, agrega las aceitunas, las alcaparras y los tomates cortados en cubitos. Cuando comience a hervir, baja el fuego y cocina hasta que espese.
3. Agrega los camarones. Deberían cocinarse en unos 3 minutos. Agrega el perejil y revuelve.
4. Sirve caliente en tazones con ½ taza de arroz en cada tazón.

Pollo Frito con Arroz

Porciones: 2

Valores nutricionales por porción: 1 plato

Calorías: 352

Grasa: 10 g

Carbohidratos: 33 g

Proteínas: 28 g

Ingredientes:
- 1 cucharada de aceite de sésamo
- 1 pechuga de pollo, sin piel ni hueso, cortada en cubitos
- pimienta al gusto
- ½ taza de floretes de brócoli
- ¼ de taza de arvejas congeladas
- 2 dientes de ajo, picados; sal al gusto
- ½ taza de zanahorias cortadas en cubitos
- 1 taza de arroz integral cocido (el arroz sobrante es genial)
- 1 ½ cucharada de salsa de soja o tamari

Instrucciones:
1. Coloque una sartén o un wok a fuego alto. Agregue el aceite. Cuando el aceite esté caliente, agregue el ajo y cocine durante unos segundos hasta que esté tierno.
2. Agregue la sal, el pollo y la pimienta. Revuelva intermitentemente durante unos 5 minutos.
3. Incorpora las zanahorias y el brócoli. Cuando estén un poco tiernos, añade los guisantes, la salsa de soja y el arroz. Calienta bien y sirve en partes iguales en dos platos.

Recetas para la Cena

Rollitos de Hot Dog

Porciones: 2

Valores nutricionales por porción: 1 rollito

Calorías: 325

Grasa: 25 g

Carbohidratos: 12 g

Proteínas: 11 g

Ingredientes:

- 2 salchichas
- ½ tira de tocino, cocida y desmenuzada
- 1 onza de queso cheddar, cortado en 2 tiras

- 2 onzas de panecillos en forma de medialuna refrigerados

Instrucciones:

1. Haz un corte a lo largo de cada salchicha. Introduce una tira de queso dentro de cada una de las salchichas.
2. Corta 2 triángulos de la masa de medialuna.
3. Coloca una salchicha en el lado más ancho de cada triángulo. Comienza a enrollar la masa junto con la salchicha hasta el extremo opuesto y colócala en una bandeja para hornear. No engrases la bandeja para hornear.
4. Configura la temperatura del horno a 375° F y precalienta.
5. Hornea los rollitos durante unos 12 a 15 minutos, hasta que adquieran un bonito color dorado.
6. Tras dejarlos enfriar unos minutos, ya están listos para servir.

Sándwich de Jamón y Queso

Porciones: 2

Valores nutricionales por porción: 1 sándwich

Calorías: 390

Grasa: 22,9 g

Carbohidratos: 23,85 g

Proteínas: 22,5 g

Ingredientes:

- 4 rebanadas de pan con semillas
- 2,5 onzas de queso cheddar fuerte, rallado
- 2 cucharaditas de mayonesa
- pimienta negra molida al gusto
- 8 rebanadas de jamón muy fino
- 2 cucharaditas de mantequilla
- 1 cucharadita de mostaza Dijon

Instrucciones:

1. Unta una cucharadita de mantequilla en un lado de 2 rebanadas de pan.
2. Unta una cucharadita de mostaza en un lado de las 2 rebanadas de pan restantes. Unta una cucharadita de mayonesa en cada una de estas rebanadas.
3. Divide las virutas de queso en partes iguales y colócalas sobre la capa de mayonesa. Colocar las lonchas de jamón y doblarlas si se desea. Sazonar con pimienta negra.
4. Colocar el pan untado con mantequilla sobre las lonchas de jamón, con el lado untado con mantequilla hacia abajo.
5. Cortar en triángulos o rectángulos y servir.

Chili Rápido de Puerco

Porciones: 6

Valores nutricionales por porción: 1 taza sin chips de tortilla

Calorías: 150

Grasa: 8 g

Carbohidratos: 17 g

Proteína: 6 g

Ingredientes:

- ½ libra de salchicha de cerdo a granel
- 1 lata (16 onzas) de frijoles con chile, con su líquido
- 1 ½ tazas de agua
- ½ cebolla grande, picada
- 1 lata (14 onzas) de tomates triturados
- ½ lata (de una lata de 4 onzas) de chiles verdes picados
- 1 cucharada de azúcar

Instrucciones:

1. Coloque una olla pesada o una cacerola holandesa a fuego medio.
2. Agregue la cebolla y la salchicha a la olla y desmenuce la carne mientras revuelve.
3. Cuando la carne no se vea rosada, deseche la grasa cocida de la olla. 4. Incorpora los frijoles, el agua, los tomates, los chiles verdes y el azúcar.
4. Cuando la mezcla empiece a hervir, baja el fuego y tapa la olla.
5. Deja que se cocine a fuego lento durante unos 20 minutos. Revuelve de vez en cuando.
6. Sirve caliente con chips de tortilla si lo deseas.

Pizza Pita Vegetariana

Porciones: 1

Valores nutricionales por porción: 1 pizza

Calorías: 405

Grasa: 18 g

Carbohidratos: 40 g

Proteínas: 20 g

Ingredientes:

- 2 panes pita
- 6 cucharadas de salsa para pizza
- ½ taza de hongos crimini en rodajas
- 2 cucharaditas de aceite de oliva
- 1 taza de queso mozzarella rallado
- ¼ de cucharadita de sal de ajo

Instrucciones:

1. Ajuste la temperatura del horno a 375° F y precaliente.
2. Pinte una cucharadita de aceite en un lado de cada pan pita. Unte 3 cucharadas de salsa para pizza en cada uno.
3. Esparza ¼ de taza de hongos y ½ taza de queso sobre la salsa.
4. Coloque los panes pita en la rejilla del horno y hornee durante aproximadamente 5 minutos.
5. Cortar en rodajas y servir.

Burritos de Frijol Negro

Porciones: 4

Valores nutricionales por porción: 1 burrito

Calorías: 692

Grasa: 36 g

Carbohidratos: 70 g

Proteínas: 21 g

Ingredientes:

- 4 tortillas de harina (10 pulgadas cada una)
- 2 cebollas pequeñas, picadas
- 2 cucharaditas de ajo picado
- 1 cucharada de aceite de cocina
- 1 pimiento rojo, picado
- 2 cucharaditas de chiles jalapeños picados
- 6 onzas de queso crema, cortado en cubitos
- ¼ de taza de cilantro fresco picado
- 2 latas (15 onzas cada una) de frijoles negros, bien enjuagados y escurridos
- 1 cucharadita de sal

Instrucciones:

1. Agrega aceite en una sartén y deja que el aceite se caliente a fuego medio.
2. Una vez que el aceite esté bien caliente, agrega la cebolla y revuelve durante aproximadamente un minuto. A

continuación, añade el ajo, el pimiento morrón y el jalapeño y mezcla. Cocina durante un par de minutos.
3. Añade los frijoles y mezcla bien. Cuando los frijoles estén calientes, añade la sal y el queso crema y revuelve. Cuando el queso crema se derrita, añade el cilantro y revuelve. Retira la sartén del fuego.
4. Lee las instrucciones que vienen en el paquete de tortillas y caliéntalas.
5. Aprenderás a doblar burritos. Primero, coloca el relleno a lo largo del diámetro de una tortilla. Dobla el lado izquierdo y derecho de la tortilla hacia adentro, sobre una parte del relleno. Ahora, levanta el lado que esté más cerca de ti y colócalo sobre el relleno. Ahora, comienza a enrollarlo junto con el relleno hasta llegar al otro extremo. Coloca el burrito doblado con el lado de la costura hacia abajo. Haz el mismo proceso con las tortillas restantes.
6. Los burritos están listos para servir.

Sopa de Pasta con Verduras y Parmesano

Porciones: 3

Valores nutricionales por porción: 1 tazón

Calorías: 236

Grasa: 5,8 g

Carbohidratos: 29 g

Proteínas: 19 g

Ingredientes:

- 5 ½ tazas de caldo de pollo bajo en sodio o caldo de pollo
- 4 onzas de cabello de ángel integral o espaguetis finos, cortados en trozos pequeños
- 1 cucharadita de jugo de limón fresco
- 1 ½ tazas de hojas de col rizada en rodajas finas (sin tallos)

- 3 onzas de queso parmesano, rallado
- hojuelas de chile rojo al gusto (opcional)

Instrucciones:

1. Hierve el caldo en una olla a fuego alto. Cuando el caldo comience a hervir, agrega la col rizada.
2. Baja el fuego a medio-alto y cocina durante un par de minutos.
3. Incorpora la pasta, la sal y las hojuelas de chile rojo y cocina hasta que esté al dente.
4. Agrega jugo de limón y revuelve. Sirve la sopa en tres tazones. Coloca las virutas de queso encima. Sirve con más hojuelas de chile rojo si lo deseas. Divide la sopa en tres tazones y sirve.

Sándwich de Pavo a la Parilla

Porciones: 1

Valores nutricionales por porción: 1 sándwich

Calorías: 458

Grasa: 23 g

Carbohidratos: 36 g

Proteínas: 28 g

Ingredientes:

- 4 cucharadas de hummus
- 2 onzas de pavo cortado en rodajas finas
- 1 rebanada de queso Pepper Jack
- 2 rebanadas de pan integral
- 2 rebanadas de tomate
- 2 cucharaditas de mantequilla, ablandada

Instrucciones:

1. Unta hummus en una rebanada de pan. Coloca las rodajas de pavo sobre la capa de hummus seguidas de las rodajas de tomate.
2. Coloca la rodaja de queso sobre los tomates.
3. Cubre las rodajas de tomate con la otra rebanada de pan.
4. Coloca una parrilla o sartén a fuego medio. Unta una cucharadita de mantequilla en la parte superior e inferior del sándwich (me refiero a la parte exterior) y colócalo en la sartén. 5. Cuando la parte inferior del sándwich esté dorada, dé vuelta los lados del sándwich y cocine el otro lado hasta que esté dorado. Córtelo en pedazos más pequeños si lo desea y sirva.

Tacos de Pavo

Porciones: 2

Valores nutricionales por porción: 2 tacos sin aderezos

Calorías: 304

Grasa: 6,8 g

Carbohidratos: 32,1 g

Proteínas: 30,6 g

Ingredientes:

Para la carne de taco:

- ½ cebolla, cortada en cubitos
- 2 dientes de ajo, picados
- 1/8 taza de agua
- ½ cucharadita de aceite de oliva
- ½ libra de pavo molido 94% magro
- ½ taza de salsa de tomate enlatada
- 1 ¼ cucharadita de comino molido
- ½ cucharadita de orégano seco
- una pizca de pimienta de cayena (opcional)
- 1 ¼ cucharadita de chile en polvo
- ¼ cucharadita de pimentón

- ½ cucharadita de sal o al gusto
- 4 tortillas de maíz suaves

Para los aderezos:

- ½ tomate grande, cortado en cubitos
- ½ aguacate, pelado, sin hueso cortado en cubitos o Use guacamole
- jalapeños en rodajas (frescos o encurtidos)
- ¼ de taza de queso cheddar rallado
- 1 taza de lechuga rallada
- cualquier otro aderezo favorito
- yogur griego para servir

Instrucciones:

1. Agregue ½ cucharadita de aceite a una sartén y deje que se caliente a fuego medio-alto.
2. Agregue el pavo y la cebolla al aceite caliente y revuelva, desmenuzando la carne mientras revuelve.
3. Una vez que la carne esté dorada, agregue la salsa de tomate, el ajo, el agua y los condimentos.

4. Deje que la mezcla hierva suavemente a fuego medio-bajo hasta que espese.
5. Para servir: Distribuya la carne para tacos y los ingredientes opcionales elegidos de manera uniforme y colóquelos sobre las tortillas. Sabe muy bien con yogur griego.

Chili de Frijol Negro

Porciones: 3

Valores nutricionales por porción: 1 tazón

Calorías: 366

Grasa: 9 g

Carbohidratos: 44 g

Proteína: 30 g

Ingredientes:

- 1 ½ cucharadita de aceite de cocina
- 1 diente de ajo, picado
- 1 ½ lata (15 onzas cada una) de frijoles negros, con su líquido
- 1 ½ - 2 cucharaditas de chile en polvo
- 1 ½ cucharadita de albahaca seca
- 1 ½ cucharadita de orégano seco
- 1 ½ cucharadita de vinagre de vino tinto
- ½ cebolla, cortada en cubitos
- ½ libra de pavo molido
- ½ lata (de una lata de 14,5 onzas) de tomates triturados

Instrucciones:

1. Vierta 1 ½ cucharadita de aceite en una olla pesada y colóquela a fuego medio. 2. Cuando el aceite esté caliente, agrega el ajo y la cebolla y revuelve regularmente hasta que se tornen rosados.

2. Incorpora el pavo a las cebollas. Mientras revuelves, deshaz la carne.
3. Cuando la carne se dore, agrega los tomates, los frijoles, los condimentos y el vinagre. Mantén la olla tapada.
4. Deja que se cocine a fuego lento durante unos 30 a 40 minutos, revolviendo de vez en cuando.
5. Divide el chili en 3 tazones y sirve.

Albóndigas

Porciones: 3

Valores nutricionales por porción: 3 albóndigas, sin raciones opcionales

Calorías: 218

Grasa: 14 g

Carbohidratos: 5 g

Proteínas: 19 g

Ingredientes:

- 1 cucharada de aceite de oliva
- 3 cucharadas de pan rallado italiano sazonado
- 10 onzas de pavo molido 93 % magro
- un huevo pequeño, batido

Instrucciones:

1. Ajuste la temperatura del horno a 350° F.
2. Pincele una fuente para horno con un poco de aceite. Coloque la fuente en el horno y ahora precaliente el horno.
3. Combine el pavo, el huevo batido y el pan rallado en un tazón.
4. Tome una cuchara para helado y saque la carne para hacer albóndigas. Debería tener 9 albóndigas en total.
5. Saca la fuente para horno y coloca las albóndigas en el fondo, dejando espacio entre ellas. Aplana un poco cada albóndiga.

6. Coloca la fuente para horno en el horno y hornea durante unos 15 minutos. Después de hornear durante unos 10 minutos, da vuelta las albóndigas. Inserta un termómetro de lectura instantánea en el centro de una albóndiga. Cuando la temperatura del termómetro indique 165° F, las albóndigas estarán listas.
7. Puedes servir las albóndigas tal como están o con espaguetis y salsa de carne o arroz pilaf o fideos, puré de papas o papas asadas o cualquier guarnición de tu preferencia.

Lasagna

Porciones: 4

Valores nutricionales por porción: ¼ de receta

Calorías: 472,9

Grasa: 20,9 g

Carbohidratos: 36,8 g

Proteínas: 32,8 g

Ingredientes:

- 16 onzas de salsa para espaguetis en frasco
- ¾ de libra de carne molida magra, sin cocinar
- 4 ½ rebanadas de queso mozzarella
- 6 cucharadas de agua caliente
- 5 fideos de lasaña sin cocinar
- ¼ de taza de cebolla picada
- ¼ de taza de queso parmesano rallado

Instrucciones:

1. La temperatura del horno debe estar establecida en 350° F. Precaliente el horno.
2. Tome una fuente para horno pequeña, cuadrada o rectangular.
3. Extienda una capa de salsa para espaguetis en el fondo de la fuente.
4. Coloque una capa de fideos de lasaña. Desmenuza la carne y espárcela sobre los fideos. Espolvorea un poco de

cebolla y un poco de queso mozzarella. Unta un poco de salsa de espagueti sobre la mozzarella.

5. Repite el paso anterior 1 o 2 veces hasta que se acaben todos los fideos, la cebolla, el queso y la salsa de espagueti, con el queso mozzarella como capa superior. Cuando añadas la última parte de la salsa de espagueti, rocía con agua caliente por todos lados.
6. Por último, cubre con queso parmesano.
7. Mantén la fuente cubierta con papel de aluminio y hornea durante unos 45 minutos.
8. Retira el papel de aluminio y hornea durante otros 25 a 30 minutos.
9. Saca la fuente del horno y espera pacientemente unos 5 a 8 minutos antes de servir.

Hamburguesa

Porciones: 2

Valores nutricionales por porción: 1 hamburguesa sin aderezos opcionales

Calorías: 265

Grasa: 13 g

Carbohidratos: 15 g

Proteína: 25 g

Ingredientes:

- 7,5 onzas de carne molida
- 1/8 cucharadita de pimienta molida
- ¼ cucharadita más 1/8 cucharadita de sal
- 2 panecillos para hamburguesa, partidos
- Aderezos: opcionales
  - rodajas de tomate

- hojas de lechuga
- rodajas de queso
- mayonesa,
- tocino cocido
- rodajas de cebolla
- guacamole
- cualquier otro aderezo de su elección

Instrucciones:

1. Haga 2 porciones iguales de la carne y forme hamburguesas de aproximadamente ¾ de pulgada de grosor.
2. Coloque una sartén para parrilla a fuego medio. Cuando la sartén esté caliente, espolvoree sal y pimienta sobre las hamburguesas y colóquelas en la sartén. Después de 5 a 6 minutos, dale la vuelta y cocínala durante 5 a 6 minutos o hasta que la temperatura interna de la hamburguesa indique 160° F en un termómetro de lectura instantánea al insertarlo en el centro de la hamburguesa.

3. Coloca una hamburguesa en la mitad inferior de cada pan. Coloca los ingredientes que desees. Coloca la mitad superior del pan sobre cada una y sirve.

Nuggets de Pollo

Porciones: 2

Valores nutricionales por porción: ½ receta

Calorías: 387

Grasa: 7 g

Carbohidratos: 45 g

Proteínas: 34 g

Ingredientes:

- ½ libra de pechuga de pollo
- 1 cucharadita de pimentón molido (opcional)

- 1/8 cucharadita de cebolla en polvo
- ¼ cucharadita de pimienta negra molida
- ¼ cucharadita de ajo en polvo
- 1 cucharadita de sal
- 1 huevo grande
- ½ taza de harina
- ½ taza de pan rallado

Instrucciones:

1. Ajuste la temperatura del horno a 400° F. Coloque una bandeja para hornear dentro del horno y precaliente.
2. Bata el huevo en un tazón. Esparza el pan rallado en un plato.
3. Seque el pollo dándole palmaditas con toallas de papel. Corta el pollo en la forma deseada (nuggets o tiras)
4. Coloca el pollo en una bolsa Ziploc. Espolvorea la harina y los condimentos sobre el pollo. Cierra bien la bolsa después de quitarle todo el aire. Ahora agita la bolsa para que la harina y las especias cubran el pollo.

5. ¿No fue divertido agitar la bolsa? Ahora saca los trozos de pollo, uno a la vez, y agita el trozo para que caiga la harina adicional.
6. Luego, sumerge el pollo en huevo, uno a la vez. Sácalo y agita el pollo para que escurra el exceso de huevo. Luego, pásalo por pan rallado. Mientras lo enrollas, presiona ligeramente para que el pan rallado se adhiera al pollo. Ahora colócalo en un plato.
7. Saca la bandeja para hornear del horno con la ayuda de guantes de cocina y engrásala con un poco de aceite en aerosol.
8. Extiende los nuggets empanizados en la bandeja para hornear y métalos en el horno.
9. Hornea durante unos 20 minutos. Después de los primeros 10 minutos de cocción, dale la vuelta a cada trozo de pollo.
10. A continuación, enciende el asador y asa los nuggets hasta que estén crujientes y dorados. Sírvelos con la salsa que prefieras.

Pollo Búfalo Horneado

Porciones: 2

Valores nutricionales por porción: 1 media pechuga de pollo

Calorías: 228,7

Grasa: 13,6 g

Carbohidratos: 1,1 g

Proteínas: 24,1 g

Ingredientes:

- 2 mitades de pechuga de pollo (4 onzas cada una)
- ½ cucharada de vinagre
- ½ cucharadita de semillas de apio
- ¼ de taza de aderezo de queso azul sin grasa
- 2 cucharadas de salsa picante
- ½ cucharada de mantequilla o margarina derretida
- pimienta al gusto

Instrucciones:

1. Ajuste la temperatura del horno a 400° F y precaliente el horno.
2. Rocíe un poco de aceite de cocina en aerosol en una sartén. Coloque la sartén a fuego medio.
3. Coloque el pollo en la sartén y cocine hasta que la parte inferior esté dorada. Dé vuelta el pollo y cocine el otro lado hasta que se dore. Retire la sartén del fuego.
4. Coloque el pollo en una fuente para horno engrasada (rocíe la fuente con aceite de cocina en aerosol).
5. Bata el vinagre, las semillas de apio, la salsa picante, la pimienta y la mantequilla en un bol. Pinte generosamente la salsa de mantequilla sobre el pollo.
6. Coloque la fuente para horno en el horno para hornear durante unos 25 minutos o hasta que esté bien cocido por dentro.
7. Sirva el pollo estilo Buffalo con aderezo de queso azul.

Wrap de Pollo y Aguacate

Porciones: 3

Valores nutricionales por porción: 1 wrap

Calorías: 314

Grasa: 16 g

Carbohidratos: 28 g

Proteínas: 17 g

Ingredientes:

- 1 lechuga picada
- 3 tortillas de trigo integral

Para el relleno:

- 1 taza de pollo cocido y desmenuzado
- 1 cucharadita de jugo de limón fresco
- ½ cucharada de perejil picado

- ½ cucharadita de ajo en polvo
- 1 aguacate pelado, sin hueso y cortado en cubitos
- 1/8 taza de cebolla roja en rodajas
- 1/8 taza de yogur griego
- ¼ de cucharadita de sal

Instrucciones:

1. Agrega el pollo, el jugo de limón, el yogur, la sal, el aguacate, el perejil, la cebolla y el ajo en polvo en un bol y mezcla bien.
2. Esparce la mitad de la lechuga sobre la mitad de la tortilla. Distribuye la mitad de la ensalada de pollo sobre la lechuga. Haz lo mismo con la otra tortilla.
3. Envuelve bien. Córtala en 2 mitades y sirve de inmediato.

Pollo a la Mostaza Dulce

Porciones: 4

Valores nutricionales por porción: 1 muslo de pollo

Calorías: 371

Grasa: 26 g

Carbohidratos: 10 g

Proteínas: 24 g

Ingredientes:

- 4 muslos de pollo con hueso
- 2 cucharadas de mostaza Dijon
- ½ cucharada de aceite de oliva extra virgen
- 2 cucharadas de miel
- 1 diente de ajo, picado o machacado
- ¾ cucharadita de tomillo fresco picado
- ¾ cucharadita de romero fresco picado

- 1/8 cucharadita de pimienta negra recién molida
- ¼ cucharadita de sal

Instrucciones:

1. Después de ajustar la temperatura del horno a 350° F, precaliente el horno.
2. Seque el pollo dándole palmaditas con toallas de papel y colóquelo en una fuente para horno.
3. Mezcle la miel, el ajo, la mostaza, el aceite, las hierbas y los condimentos en un bol.
4. Extienda la mezcla sobre el pollo.
5. Hornee el pollo hasta que la temperatura interna del pollo indique 175° F en un termómetro de lectura instantánea.
6. Durante los últimos 3 a 4 minutos de cocción, encienda el asador si desea que la parte superior quede crocante.

Paquetes de Salmón Teriyaki

Porciones: 2

Valores nutricionales por porción: 1 paquete sin arroz

Calorías: 243

Grasa: 12 g

Carbohidratos: 8 g

Proteínas: 24 g

Ingredientes:

- 1 cucharada de salsa de soja
- 2 dientes de ajo pequeños, picados
- 1 cucharadita de aceite de cocina
- 2 filetes de salmón (3,5 onzas cada uno)
- 1 cucharadita de aceite de sésamo (opcional)
- ½ cucharada de miel
- ½ cucharada de mirin (opcional)

- 5,5 onzas de brócoli de tallo largo
- 1 pulgada de jengibre, cortado en cerillas
- 1 cebolla verde, en rodajas finas para decorar
- ½ cucharadita de semillas de sésamo tostadas
- arroz cocido caliente para servir

Instrucciones:

1. Mezcle la miel, el mirin, el ajo y la salsa de soja en un bol.
2. Coge 2 hojas cuadradas de papel de aluminio y pincela cada una con un poco de aceite.
2. Levanta ligeramente los bordes del papel. Distribuye el brócoli de forma uniforme y colócalo sobre el papel. Coloca un filete sobre cada uno. Esparce unas rodajas de jengibre sobre el salmón.
3. Rocía la mezcla de salsa sobre los filetes y también un poco de aceite de sésamo si lo usas.
4. Ahora envuelve completamente el brócoli y el salmón en los paquetes sellándolos. Ahora colócalos en una bandeja para hornear. Puedes hacer estos paquetes con un día de anticipación y colocarlos en el refrigerador hasta que estén listos para usar.

5. Configura la temperatura del horno a 400° F y precalienta el horno.
6. Mantén los paquetes en el horno y hornéalos durante unos 15 a 20 minutos.
7. Una vez que los saques, déjalos reposar durante al menos 10 minutos, ya que estarán muy calientes.
8. Abre los paquetes justo antes de comerlos. Decorar con semillas de sésamo y cebolla verde y servir con arroz si lo desea.

Hash de Verduras y Pollo

Porciones: 1

Valores nutricionales por porción: 1 plato

Calorías: 345

Grasa: 12 g

Carbohidratos: 42 g

Proteínas: 19 g

Ingredientes:

- 1 taza de batatas peladas y cortadas en cubos
- 1 ½ cucharadita de aceite de oliva, dividida
- 1 salchicha de pollo precocida, preferiblemente con sabor a manzana, cortada en cubos
- 5 onzas de coles de Bruselas cortadas en láminas
- sal al gusto
- pimienta al gusto

Instrucciones:

1. Cocine las batatas en un recipiente apto para microondas vertiendo ¼ de pulgada de agua en el recipiente, a temperatura alta durante aproximadamente 3 minutos o hasta que estén tiernas y se puedan perforar con un tenedor. Escurra el agua.
2. Vierta ½ cucharadita de aceite en una sartén antiadherente y colóquela a fuego medio. Agregue la

salchicha a la sartén caliente y cocine hasta que se dore.
3. Transfiera la salchicha a un plato. Vierta el aceite restante en la sartén. Colóquela a fuego medio.
4. Agregue las coles de Bruselas al aceite caliente y revuelva con frecuencia hasta que estén ligeramente tiernas.
5. Agregue la salchicha y la batata. Agregue también los condimentos y sirva.

Postres

Pastel de Chocolate en Taza

Porciones: 2

Valores nutricionales por porción: 1 torta

Calorías: 603

Grasa: 30 g

Carbohidratos: 82 g

Proteínas: 7 g

Ingredientes:

- ½ taza de harina común
- 4 cucharadas de cacao en polvo sin azúcar
- ¼ de cucharadita de sal

- ½ taza de azúcar
- ¼ de cucharadita de bicarbonato de sodio
- 6 cucharadas de leche
- 2 cucharadas de agua
- 4 cucharadas de aceite de canola
- ½ cucharadita de extracto de vainilla

Instrucciones:

1. Tome 2 tazas grandes aptas para microondas y agregue ¼ de taza de harina, 1/8 de cucharadita de bicarbonato de sodio, ¼ de taza de azúcar, 1/8 de cucharadita de sal y 2 cucharadas de cacao en polvo en cada taza y revuelva.
2. Vierta 3 cucharadas de leche, una cucharada de agua, 2 cucharadas de aceite de canola y ¼ de cucharadita de extracto de vainilla en cada taza y revuelva hasta que se combinen bien.
3. Coloque las tazas en el microondas y cocine a temperatura alta durante aproximadamente 95 a 100 segundos.
4. Deje enfriar durante al menos 10 minutos. Saque el pastel de las tazas y déjelo enfriar por completo antes de servir.

Pudín de Plátano

Porciones: 2

Valores nutricionales por porción: ½ receta, sin opciones de porciones

Calorías: 474

Grasa: 26 g

Carbohidratos: 57 g

Proteínas: 7 g

Ingredientes:

- 50 g de mantequilla, ablandada y extra para engrasar
- 50 g de azúcar morena clara
- 1 cucharadita de canela molida
- 1 plátano maduro
- 50 g de harina leudante
- 1 cucharada de leche
- 1 huevo

Para servir: (opcional)

- azúcar glas
- helado
- cualquier salsa para postres como salsa de caramelo, salsa de chocolate, etc.

Instrucciones:

1. Derretir la mantequilla en un recipiente apto para microondas durante unos 30 segundos.
2. Triturar ¾ del plátano y agregarlo al recipiente junto con el azúcar, la canela, la harina, la leche y el huevo. Revolver hasta que se integren bien.

3. Se debe cortar el ¼ de plátano en rodajas y colocarlo sobre la masa en el recipiente.
4. Coloque el recipiente en el microondas durante unos 7 minutos a potencia alta. Debería subir y cocinarse por dentro también.
5. Retire el recipiente y deje enfriar hasta que se caliente. Sirva como está o con cualquiera de las opciones de presentación sugeridas.

"Helado" de Plátano y Aguacate

Porciones: 8

Valores nutricionales por porción: ¾ de taza

Calorías: 220

Grasa: 11 g

Carbohidratos: 33 g

Proteína: 3 g

Ingredientes:

- 4 aguacates maduros, pelados, sin hueso, cortados en cubitos, congelados
- 4 cucharaditas de jugo de lima fresco
- 8 plátanos grandes muy maduros, pelados, cortados en rodajas, congelados
- 2 cucharaditas de extracto de vainilla

Instrucciones:

1. Puedes congelar los plátanos y los aguacates juntos en una bolsa de plástico.
2. Coloca los aguacates y los plátanos congelados en el tazón del procesador de alimentos. Agrega el jugo de lima y la vainilla y procesa hasta que quede una mezcla homogénea. Puedes servir de inmediato para hacer un helado suave.
3. Para servir más tarde: Vierte en un recipiente apto para congelador. Congela hasta usar. Descongela durante unos minutos antes de servir.
4. Puedes usar mango o piña congelados en lugar de aguacates. Utilice aproximadamente 1 ½ a 2 tazas de mango o piña congelados. No utilice jugo de lima.

Peras Escalfadas con Especias

Porciones: 2

Valores nutricionales por porción: 1 pera

Calorías: 263

Grasa: 4 g

Carbohidratos: 59 g

Proteínas: 3 g

Ingredientes:

- 2 peras grandes, peladas
- ¼ de pulgada de jengibre, pelado y rallado
- ¼ de cucharadita de canela molida (opcional)
- ¼ de cucharadita de cardamomo molido
- ½ anís estrellado (opcional)
- 1 ½ tazas de jugo de manzana

- 1/8 de taza de pistachos, triturados

Instrucciones:

1. Combine las especias y el jugo de manzana en una cacerola pequeña. Coloque las peras en la cacerola y colóquela a fuego alto.
2. Cuando comience a hervir, baje el fuego a bajo y cocine a fuego lento durante 15 minutos.
3. Saque las peras de la cacerola. Suba el fuego a medio y cocine a fuego lento hasta que quede como un almíbar.
4. Coloca las peras en tazones individuales para servir. Vierte el almíbar de manzana sobre cada pera. Decora con pistachos y sirve.

Malteada de Fresa

Porciones: 2

Valores nutricionales por porción: 1 malteada grande, sin crema batida

Calorías: 388

Grasa: 15,3 g

Carbohidratos: 54,7 g

Proteínas: 10,3 g

Ingredientes:

- 3 tazas de fresas congeladas
- 1 taza de leche
- 2 tazas de helado de vainilla

Instrucciones:

1. Coloque las fresas y el helado en la jarra de la licuadora.
2. Vierta la leche. Cierre la jarra y licue hasta que la mezcla quede suave y cremosa.
3. Vierta la malteada en vasos. Adorne con un poco de crema batida si lo desea y sirva.

Galletas de Chocolate y Avellanas

Porciones: 21

Valores nutricionales por porción: 1 galleta

Calorías: 111

Grasa: 8 g

Carbohidratos: 10 g

Proteína: 2 g

Ingredientes:

- 4 onzas de queso crema untable
- ¼ de taza de Nutella
- 21 avellanas enteras tostadas
- ½ taza de avellanas tostadas finamente picadas
- ½ taza de chispas de chocolate semidulce
- 1 1/8 tazas de migas de galletas graham

Instrucciones:

1. Coloque las chispas de chocolate en un recipiente apto para microondas y cocine a potencia alta durante aproximadamente 1 minuto. Bata bien. Si el chocolate no se ha derretido, cocine durante unos segundos más.
2. Agregue el queso crema y la Nutella al recipiente con el chocolate derretido y bata hasta que quede suave.
3. Coloque las avellanas picadas en un plato.
4. Agrega las migas de galletas graham y colócalas en el refrigerador hasta que estén un poco duras. Deberías poder hacer una bola con la mezcla.
5. Divide la mezcla en 21 partes iguales. Toma una parte de la mezcla y hazla rodar entre tus palmas para hacer una bola. Cubre la bola con avellanas picadas y colócala en una bandeja. Haz las 20 bolas de chocolate restantes de la misma manera.
6. Ahora haz una hendidura en el centro de cada bola con tu pulgar. Coloca una avellana entera en la hendidura y presiona ligeramente.
7. Enfría hasta que las bolas de chocolate estén listas.

8. Puedes guardarlas en un recipiente hermético. Puedes colocar papel encerado sobre una capa de bolas de chocolate y colocar las bolas de chocolate sobre el papel encerado también.
9. Coloca el recipiente en el refrigerador.

Sorbete de Frambuesa

Porciones: 3

Valores nutricionales por porción: 1/3 de la receta

Calorías: 216

Grasa: 0 g

Carbohidratos: 55 g

Proteína: 1 g

Ingredientes:

- 6 a 7 cucharaditas de jugo de limón fresco
- 1 1/8 tazas de azúcar glas
- 1 2/3 tazas de frambuesas frescas o congeladas sin azúcar

Instrucciones:

1. Coloque un recipiente apto para congelador en el congelador durante unos 10 minutos.
2. Coloque las frambuesas y el azúcar en la jarra de una licuadora. Vierta el jugo de limón y cierre la tapa.
3. Licue hasta que quede una mezcla homogénea. Vierta el puré de frambuesa en el recipiente enfriado.
4. Cubra el recipiente y congélelo hasta que esté listo para servir. 5. Saque la mezcla y sirva.

Paletas de Chocolate Rocky Road

Porciones: 6

Valores nutricionales por porción: 1 pop

Calorías: 140

Grasa: 7 g

Carbohidratos: 18 g

Proteína: 4 g

Ingredientes:

- 1 ¼ tazas de leche al 2%
- ¼ taza de maní picado
- ¼ taza de crema de malvavisco
- ½ paquete (de un paquete de 3,4 onzas) de mezcla para pudín de chocolate para cocinar y servir
- ¼ taza de chips de chocolate semidulce en miniatura

Instrucciones:

1. Coloque la mezcla para pudín en un recipiente apto para microondas. Agregue la leche y bata hasta que quede suave.
2. Colóquelo en el microondas y cocínelo a potencia alta durante aproximadamente 4 minutos o hasta que la mezcla comience a burbujear.
3. Asegúrese de revolver cada 2 minutos. Sáquelo del microondas y déjelo enfriar. Revuelva con frecuencia.
4. Mientras se cocina el pudín, distribuya de manera uniforme las chispas de chocolate y los cacahuetes en 6 vasos de papel (de 3 onzas cada uno).
5. Combine la crema de malvavisco con el pudín enfriado. Divida el pudín entre los vasos de papel.
6. Coloque palitos de madera para helado en cada vaso y colóquelos en el congelador hasta que estén listos para servir.

Paletas de Helado de Frutos Blancos

Porciones: 5

Valores nutricionales por porción: 1 paleta helada

Calorías: 51

Grasa: 2 g

Carbohidratos: 8 g

Proteína: 2 g

Ingredientes:

- 1 ¼ tazas más 1/8 taza de leche al 2%, dividida
- 1/8 cucharadita de extracto de vainilla
- ½ taza de arándanos frescos • ¾ taza de frambuesas frescas
- 4 cucharaditas de miel

Instrucciones:

1. Calienta 1/8 taza de leche hasta que esté tibia.
2. Agrega la miel y revuelve hasta que se disuelva. Vierte la leche restante y la vainilla y revuelve hasta que se combinen bien.
3. Toma 5 moldes para paletas y distribuye los arándanos y las frambuesas entre los moldes.
4. Vierte la mezcla de leche en los moldes. Coloca palitos de paleta en cada molde.
5. Coloca los moldes en el congelador hasta que se endurezcan o hasta que necesites servir.
6. 6. Servir.

Pizza de Chocolate

Porciones: 10

Valores nutricionales por porción: 1 rebanada

Calorías: 288

Grasa: 17 g

Carbohidratos: 33 g

Proteína: 4 g

Ingredientes:

- 1 ½ taza de chispas de vainilla o de chocolate blanco, divididas
- 1 taza de malvaviscos en miniatura
- ½ taza de nueces picadas
- 1/8 taza de coco rallado endulzado
- 1 taza de chispas de chocolate semidulce
- ½ taza de cereal de arroz crujiente
- ¼ taza de cerezas al marrasquino cortadas por la mitad
- ½ cucharadita de aceite de canola

Instrucciones:

1. Seque las cerezas dándoles palmaditas con toallas de papel o un paño de cocina.

2. Coloque las chispas de chocolate y 1 ¼ taza de chispas de vainilla en un recipiente apto para microondas.
3. Coloque el recipiente en el microondas y cocine a potencia alta durante aproximadamente 90 segundos o hasta que se derrita. Bata hasta que quede suave. 4. Agregue el cereal de arroz, los malvaviscos y las nueces.
4. Engrase un molde para pizza (de aproximadamente 8 a 9 pulgadas) con un poco de aceite en aerosol.
5. Vierta la mezcla en el molde y extiéndala de manera uniforme. Esparza las cerezas sobre la mezcla. Esparza el coco por todas partes.
6. Coloque ¼ de taza de chispas de vainilla en un recipiente apto para microondas. Colóquelo en el microondas y cocine a potencia alta durante aproximadamente 50 a 60 segundos.
7. Agregue el aceite. Una vez que la mezcla de chocolate esté suave, viértala en gotas sobre la pizza.
8. Coloque la pizza en el refrigerador hasta aproximadamente 30 minutos antes de que necesite servirla.

9. En 30 minutos debería alcanzar la temperatura ambiente. Haga 10 porciones de pizza y sirva.

Sándwich de Chocolate con Cerezas

Porciones: 2

Valores nutricionales por porción: 1 sándwich

Calorías: 309

Grasa: 9 g

Carbohidratos: 51 g

Proteínas: 7 g

Ingredientes:

- 4 rebanadas de pan blanco
- 2 cucharadas de almendras picadas
- 6 cucharadas de relleno de tarta de cerezas

- 2 cucharadas de chips de chocolate semidulce

Instrucciones:

1. Engrasa la prensa para paninis con un poco de aceite o mantequilla. Coloca 2 rebanadas de pan sobre la prensa.
2. Unta 3 cucharadas de relleno de tarta de cerezas en cada una de estas rebanadas de pan.
3. Esparce una cucharada de almendras y otra de chips de chocolate sobre el relleno de tarta de cerezas.
4. Completa el sándwich cubriéndolo con las rebanadas de pan restantes.
5. Cierra la prensa y cocina los sándwiches hasta que estén dorados.
6. Córtalos en triángulos y sírvelos.

Crumble de Arándanos

Porciones: 4

Valores nutricionales por porción: ¼ de receta sin helado

Calorías: 313

Grasa: 10 g

Carbohidratos: 56 g

Proteínas: 3 g

Ingredientes:

Para el relleno:

- 3 cucharadas de azúcar morena
- 3 ¼ tazas de arándanos congelados
- ½ cucharadita de ralladura de limón

Para la cobertura de migas:

- 6 cucharadas de harina común
- 3 cucharadas de mantequilla sin sal, picada y ablandada
- 1/8 cucharadita de sal
- 10 cucharadas de azúcar morena

- ¼ de taza de avena en hojuelas
- ¼ de cucharadita de canela molida
- 1/8 cucharadita de nuez moscada molida

Instrucciones:

1. Ajuste la temperatura del horno a 400° F. Precaliente el horno.
2. Pincele un poco de aceite o mantequilla en una fuente para horno pequeña. 3. Coloca los arándanos en un bol. Espolvorea el azúcar moreno y la ralladura de limón sobre ellos. Mezcla bien y espárcelos en la fuente para horno.
3. Prepara la cobertura mezclando con las manos el azúcar moreno, la avena, la canela, la nuez moscada, la harina, la mantequilla y la sal hasta que se formen migas.
4. Esparce la mezcla de cobertura sobre los arándanos. Puedes usar cualquier otro tipo de bayas en lugar de arándanos. Corta las bayas más grandes en trozos más pequeños.
5. Coloca la fuente para horno en el horno y hornea hasta que se doren según tu preferencia (marrón claro o marrón dorado).

6. Deja enfriar hasta que esté tibio. El helado de vainilla es una buena sugerencia para servir.

Ensalada de Galletas Oreo

Porciones: 6

Valores nutricionales por porción: 1/6 de la receta

Calorías: 323

Grasa: 15 g

Carbohidratos: 43 g

Proteínas: 4 g

Ingredientes:

- 2 tazas de leche

- 1 envase (8 onzas) de crema batida como Cool Whip
- 1 mezcla instantánea para pudín de vainilla (3,4 onzas)
- 15 galletas Oreo o cualquier galleta sándwich de chocolate

Instrucciones:

1. Coloque la mezcla para pudín en un recipiente para servir. Agregue la leche y bata durante un par de minutos hasta que espese.
2. Agregue la crema batida y mezcle hasta que esté bien combinado.
3. Triture las galletas según su preferencia (trituradas finamente o trituradas con trocitos o en trozos)
4. Agregue las galletas al pudín y revuelva. Mantenga el recipiente cubierto con film transparente y enfríe durante 2 a 8 horas antes de servir.

Pastel de Limón

Porciones: 5

Valores nutricionales por porción: 1 rebanada

Calorías: 361

Grasa: 13 g

Carbohidratos: 60 g

Proteínas: 4 g

Ingredientes:

- ½ limón grande de piel fina, sin tallos, cortado en gajos y sin semillas
- ¼ taza de aceite de canola
- 1 huevo grande
- ½ taza de azúcar granulada
- 3 cucharadas de crema agria
- ½ cucharadita de extracto de limón

- 2 cucharaditas de jugo de limón recién exprimido
- 1 cucharadita de ralladura de limón para decorar
- ¼ cucharadita de sal
- 1 ¼ cucharadita de polvo para hornear
- 1 taza de harina común
- ½ taza de azúcar en polvo

Instrucciones:

1. Ajuste la temperatura del horno a 350° F y precaliente. 2. Engrasa un molde para pan (de 20 x 10 cm) con un poco de aceite. Coloca una hoja más grande de papel de pergamino dentro del molde de manera que sobresalga por todos los lados. Engrasa también el papel de pergamino.
2. Asegúrate de quitar todas las semillas del limón y deséchalas.
3. Agrega azúcar granulada, rodajas de limón, crema agria, extracto de limón, aceite y huevo en una licuadora. Luego agrega todos los ingredientes secos, es decir, harina, sal y polvo para hornear y cierra la tapa. Enciende la licuadora y mezcla hasta obtener una masa espesa.

4. Transfiere la masa al molde para pan y colócalo en el horno. Hornea durante unos 40 minutos.
5. Coloca una hoja de papel de aluminio sobre el molde para pan después de unos 30 minutos de horneado. Haz la prueba del palillo (consulta la receta Muffins de plátano y chispas de chocolate para la prueba).
6. Deja que el pastel se enfríe durante 10 minutos en la mesada antes de sacarlo del molde.
7. Saca el pastel sosteniendo el papel de pergamino adicional. Quita el papel y coloca el pastel sobre una rejilla para que se enfríe por completo.
8. Mientras tanto, combina el jugo de limón y el azúcar en polvo en un bol.
9. Cubre el pastel con la mezcla de jugo de limón. Espolvorea la ralladura de limón por encima.
10. Córtalo en 5 rebanadas iguales y sirve.

Brownies Fáciles

Porciones: 12

Valores nutricionales por porción: 1 brownie

Calorías: 225

Grasa: 12 g

Carbohidratos: 28 g

Proteína: 3 g

Ingredientes:

- ½ taza de mantequilla derretida, ligeramente enfriada
- ½ taza de azúcar morena oscura
- ½ taza de azúcar blanca granulada
- 2 huevos grandes
- ½ taza de harina común
- ½ cucharadita de café espresso en polvo (opcional)
- ½ taza más 1/8 de taza de chocolate picado, dividido
- ½ cucharadita de extracto de vainilla
- ½ taza de cacao en polvo sin azúcar

- ½ cucharadita de sal

Instrucciones:

1. Ajuste la temperatura del horno a 350° F y precaliente.
2. Engrase un molde para hornear cuadrado (8 x 8) con un poco de aceite. Coloca una hoja grande de papel de pergamino dentro de la fuente para hornear de manera que sobresalga por todos los lados. Engrasa también el papel de pergamino.
3. Agrega el azúcar morena, el azúcar granulada y la mantequilla en un tazón y bate con una batidora eléctrica de mano hasta que el azúcar se derrita.
4. Agrega los huevos, uno a la vez y bate bien cada vez hasta que estén bien combinados. Agrega la vainilla y bate bien.
5. Tamiza juntos el cacao, el espresso, la harina y la sal en un tazón.
6. Agrega la mezcla de harina a la mezcla batida y revuelve hasta que se incorpore, asegurándote de no mezclar demasiado.
7. Agrega ½ taza de chocolate y vierte en la fuente para hornear. Esparce el chocolate restante encima y coloca en el horno durante aproximadamente 25 minutos o hasta que esté listo, asegurándote de no hornear demasiado.

8. Una vez que se enfríe a temperatura ambiente, córtalo en 12 cuadrados iguales y sirve. Guarda los brownies en un recipiente hermético. Estos pueden durar 4 días a temperatura ambiente o una semana en el refrigerador.

Cheesecake de Chocolate

Porciones: 4

Valores nutricionales por porción: 1 cheesecake

Calorías: 214

Grasa: 14,3 g

Carbohidratos: 17,5 g

Proteínas: 2,8 g

Ingredientes:

- 4 onzas de queso crema, a temperatura ambiente
- 2 cuadrados de chocolate semidulce para repostería, derretido
- 4 galletas Oreo
- 2 cucharadas de azúcar
- 1 taza de crema batida descongelada, como Cool Whip

Instrucciones:

1. Derrite el chocolate para repostería en un recipiente apto para microondas hasta que quede suave. Deja que se enfríe durante 5 minutos.
2. Agrega el queso crema y el azúcar al chocolate derretido y bate hasta que se combinen bien. Incorpora la crema batida.
3. Toma 4 moldes para muffins y cúbrelos con envoltorios desechables. Coloca una galleta en cada molde. 4. Distribuye la mezcla de queso crema de manera uniforme y colócala con una cuchara en los moldes para muffins.

4. Enfría durante 2 a 8 horas. Retira los cheesecakes de los moldes para muffins junto con los pirotines desechables y sirve.

Golosinas de Mantequilla de Maní con Cereal

Porciones: 12

Valores nutricionales por porción: 1 golosina

Calorías: 147

Grasa: 5 g

Carbohidratos: 24 g

Proteína: 2 g

Ingredientes:

- 15 malvaviscos grandes
- ½ cucharada de mantequilla de maní

- ¾ taza de M&M's de chocolate con leche
- 1 ½ cucharada de mantequilla
- 3 tazas de mantequilla de maní crujiente Cap'n Crunch

Instrucciones:

1. Cocine juntos la mantequilla de maní, los malvaviscos y la mantequilla en una cacerola a fuego lento, revolviendo con frecuencia. Apague el fuego.
2. Agregue el cereal de mantequilla de maní crujiente y el chocolate con leche y revuelva.
3. Pincele un poco de aceite o mantequilla derretida en una bandeja para hornear (alrededor de 7 a 8 pulgadas). Vierta la mezcla en la bandeja para hornear y extiéndala uniformemente.
4. Deje que alcance la temperatura ambiente. Cortar en 12 rodajas iguales y servir.

Recetas para Fiestas y Celebraciones

Galletas de Kisses con Mantequilla de Maní

Porciones: 30

Valores nutricionales por porción: 2 galletas

Calorías: 204

Grasa: 12 g

Carbohidratos: 222 g

Proteínas: 4 g

Ingredientes:

- 2 tazas de mantequilla de maní
- 2 huevos grandes, a temperatura ambiente
- 60 chocolates con leche

- 2 tazas de azúcar
- 2 cucharaditas de extracto de vainilla

Instrucciones:

1. La temperatura del horno debe estar establecida en 350º F.
1. Precaliente el horno.
2. Combine el azúcar y la mantequilla de maní en un tazón, batiendo hasta que la mezcla quede cremosa.
3. Agregue los huevos y la vainilla y bata hasta que la mezcla quede suave.
4. Divida la mezcla en 60 porciones iguales y forme con cada porción una bola (de aproximadamente 1 ¼ pulgada de diámetro). Coloque las bolas en 2 o 3 bandejas para hornear (no engrase las bandejas para hornear). Deje suficiente espacio entre las bolas.
5. Hornea en tandas en el horno durante unos 10 a 12 minutos (estarán listas cuando la parte superior de las galletas esté un poco agrietada).
6. Saca la bandeja para hornear y coloca un beso de chocolate en el medio de cada galleta y presiona para que se adhieran.

7. Déjalas enfriar durante 5 a 6 minutos en la bandeja para hornear. Transfiere las galletas a una rejilla para enfriar. Cuando estén completamente frías, puedes servirlas o guardarlas en cualquier recipiente con tapa.

Pastel de Chocolate con Cerezas

Porciones: 16

Valores nutricionales por porción: 1 rebanada, sin opciones de porciones

Calorías: 386

Grasa: 15,4 g

Carbohidratos: 63,5 g

Proteínas: 3,5 g

Ingredientes:

Para la capa de cerezas:

- 4 latas de relleno de tarta de cerezas (21 onzas cada una)

Para la capa de pastel:

- 1 1/3 tazas de mantequilla sin sal, fría, cortada en rodajas finas
- 6 tazas de mezcla para pastel de chocolate

Para servir: Opcional

- crema batida
- helado de vainilla

Instrucciones:

1. Precaliente el horno a 350° F.
2. Engrase un molde grande para hornear (9 x 13 pulgadas) con un poco de aceite o mantequilla blanda.
3. Extienda el relleno de tarta de cerezas en el fondo del molde para hornear.
4. Extienda la mezcla para pastel sobre la capa de relleno de tarta de cerezas.
5. Corta la mantequilla en rodajas justo antes de colocarla sobre la mezcla para pastel. Coloca las rodajas de mantequilla sobre toda la capa de mezcla para pastel.
6. Coloca la fuente para hornear en el horno y programa el temporizador durante 45 a 50 minutos.
7. Si se ve seca en alguna zona de la mezcla para pastel, revuélvela ligeramente con un poco de los jugos del relleno de pastel de cerezas.
8. Hornea durante otros 10 a 15 minutos y el relleno de pastel de cerezas burbujee levemente.
9. Saca la fuente para hornear del horno y espera hasta que se caliente.

10. Puedes servirlo así o con cualquiera de las opciones de presentación sugeridas.

Tarros de Galletas Graham con Arándanos

Porciones: 8

Valores nutricionales por porción: 1 frasco

Calorías: 430

Grasa: 23 g

Carbohidratos: 59 g

Proteínas: 9 g

Ingredientes:

- 1 ½ taza de migas de galletas graham
- 4 cucharadas de azúcar
- 4 cucharadas de mantequilla derretida
- 2/3 taza de azúcar glas
- 4 cucharaditas de jugo de limón • ½ taza de nueces picadas
- ½ cucharadita de canela molida
- 6 onzas de queso crema, ablandado
- 1 taza de queso ricotta
- 8 tazas de arándanos frescos

Para decorar: Opcional

- crema batida

Instrucciones:

1. Mezcle las migas de galletas, el azúcar, las nueces y la canela en un bol.

2. Agregue la mantequilla y revuelva hasta que se combinen bien.
3. Coloque el queso crema y el azúcar glas en otro bol. Batir con una batidora eléctrica hasta que esté bien mezclado.
4. Agregar el queso ricotta y el jugo de limón y batir hasta que quede una mezcla homogénea.
5. Tomar 8 frascos o vasos de vidrio. Hacer una capa de arándanos usando ½ taza de bayas en cada vaso.
6. Dividir en partes iguales la mezcla de queso crema batido entre los vasos. Luego dividir las migas de galleta en partes iguales y colocar sobre la capa de queso crema.
7. Dividir los arándanos restantes en partes iguales entre los vasos y colocar sobre las migas de galleta.
8. Cubrir con crema batida si se usa. Refrigerar hasta que sea necesario servir.

Mojito sin alcohol de fresa y lima

Porciones: 2

Valores nutricionales por porción: 1 cóctel sin alcohol

Calorías: 81

Grasa: 0 g

Carbohidratos: 20 g

Proteína: 0 g

Ingredientes:

- 6 a 7 fresas, sin tallo
- 1 ¼ taza de Sprite
- 4 hojas grandes de menta y un poco más para decorar
- 1 cucharada de jugo de lima fresco
- rodajas de lima para decorar

Instrucciones:

1. Combina las fresas y las hojas de menta en una jarra pequeña triturándolas ligeramente.
2. Vierte Sprite y jugo de lima en la jarra y mezcla.
3. Llena 2 vasos con hielo picado. Sirve el cóctel sin alcohol en estos vasos.
4. Decora con hojas de menta y rodajas de lima y sirve de inmediato.

Ponche de Frutas

Porciones: 12

Valores nutricionales por porción: 1 taza, sin frutas

Calorías: 163

Grasa: 1 g

Carbohidratos: 41 g

Proteína: 1 g

Ingredientes:

- 6 tazas de jugo de arándano
- 6 tazas de ginger ale
- 6 tazas de jugo de naranja
- 2 tazas de jugo de limón (o agréguelo según su gusto)
- 2 a 4 tazas de jugo de piña (opcional, pero recomendado)

Para servir:

- naranja
- rodajas de limón
- arándanos congelados
- hojas de menta
- rodajas de fresa

Instrucciones:

1. Vierta todos los jugos en una jarra y enfríe hasta que esté listo para servir.
2. Agregue el ginger ale.
3. Vierta en vasos. Agregue hielo si lo desea. Coloque las frutas y las hojas de menta en los vasos y sirva.

Cóctel de Chocolate para Pascua

Porciones: 2

Valores nutricionales por porción: 1 taza

Calorías: 178

Grasa: 7 g

Carbohidratos: 24 g

Proteína: 7 g

Ingredientes:

- 1 taza de leche de su preferencia
- 1 cucharada de cacao en polvo
- 2 huevos de Pascua para decorar (opcional)
- 4 cucharadas de leche condensada azucarada
- 2 cucharaditas de hojuelas de chocolate para decorar (opcional)

Para el borde: Opcional

- 3 a 4 cucharadas de chocolate derretido

Instrucciones:

1. Si desea escarchar los vasos: derrita un poco de chocolate en un recipiente apto para microondas en el microondas durante aproximadamente un minuto hasta que quede suave.
2. Sumerja el borde de los vasos, uno a la vez, en el chocolate derretido. Coloque los vasos en el congelador durante aproximadamente 5 a 10 minutos.

3. Para preparar el cóctel sin alcohol: agrega la leche, el cacao y la leche condensada en una licuadora y mezcla hasta que quede una mezcla homogénea.
4. Divide el cóctel sin alcohol en los vasos fríos. Espolvorea hojuelas de chocolate por encima. Decora con un huevo de Pascua y sirve.

Tacos de Carne

Porciones: 2

Valores nutricionales por porción: 1 plato

Calorías: 902

Grasa: 61 g

Carbohidratos: 54 g

Proteínas: 35 g

Ingredientes:

- ½ libra de carne molida magra
- ½ onza de mezcla de condimentos para tacos (½ paquete)
- 1 taza de lechuga rallada
- ½ tomate, picado
- 4 cucharadas de salsa
- 5 a 6 cucharadas de agua
- 2 paquetes (2,5 onzas cada uno) de chips de maíz
- ½ taza de queso cheddar rallado
- 4 cucharadas de crema agria

Instrucciones:

1. Agrega la carne molida a una sartén y colócala a fuego medio.
2. Revuelve de vez en cuando, rompiendo la carne mientras revuelves.
3. Una vez que la carne esté bien dorada, inclina la sartén y retira el exceso de grasa que se haya soltado.
4. Agrega agua y condimento para tacos y revuelve.

5. Deja que hierva suavemente a fuego lento durante unos 4 minutos. Revuelve de vez en cuando.
6. Tritura ligeramente los chips de maíz en las bolsas sin abrir. Vacía el contenido de los chips en platos individuales para servir.
7. Distribuye la carne de manera uniforme y colócala sobre los chips. Esparce la misma cantidad de lechuga, tomate y queso sobre la carne.
8. Rocía 2 cucharadas de salsa y crema agria por encima y sirve.

Cazuela de Enchiladas de Pollo con Chile Verde

Porciones: 4

Valores nutricionales por porción: ¼ de receta

Calorías: 488

Grasa: 25 g

Carbohidratos: 33 g

Proteína: 33 g

Ingredientes:

- 2 mitades de pechuga de pollo deshuesada y sin piel
- 9 tortillas de maíz (de 15 cm cada una), cortadas en 2 mitades
- 227 g de queso Monterey Jack rallado
- ¼ de cucharadita de sal de ajo o agregue más al gusto

- ½ lata (de una lata de 827 g) de salsa verde para enchiladas
- 113 g de crema agria baja en grasa

Instrucciones:

1. Precaliente el horno a 175 °C. Cubra una fuente para horno (de 18 a 20 cm) con un poco de aceite en aerosol.
2. Espolvoree sal de ajo sobre el pollo y colóquelo en la fuente para horno. Coloca la fuente para hornear en el horno y programa el temporizador durante 45 minutos. Debe cocinarse hasta que no se vea rosado y puedas ver los jugos cocidos. La temperatura interna del pollo en el centro debe mostrar 165° F en un termómetro de lectura instantánea.
3. Cuando el pollo se haya enfriado, desmenuza el pollo con un par de tenedores.
4. Calienta las tortillas sobre la llama de gas con la ayuda de pinzas hasta que estén ligeramente carbonizadas.
5. Extiende una capa de salsa para enchiladas en el fondo de la fuente para hornear preparada.
6. Coloca una capa de tortillas sobre la capa de salsa.

7. Esparce la mitad del pollo sobre las tortillas seguido de 1/3 del queso.
8. Rocía la mitad de la crema agria sobre la capa de queso. Vierte con una cuchara un tercio de la salsa para enchiladas restante.
9. Repite los pasos 6 a 8.
10. Coloca el resto de las tortillas sobre la salsa para enchiladas. Vierta la salsa de enchilada restante sobre las tortillas y extiéndala con una espátula.
11. Mantenga el recipiente cubierto con papel aluminio y colóquelo en el horno para hornear. Sáquelo del horno después de unos 35 a 40 minutos.
12. Déjelo reposar durante 10 minutos. Ya puede disfrutar.

Club Sándwiches de Pollo

Porciones: 2

Valores nutricionales por porción: 1 sándwich

Calorías: 430

Grasa: 40 g

Carbohidratos: 4 g

Proteínas: 14 g

Ingredientes:

- 6 rebanadas finas de pan (preferiblemente pan artesanal)
- 1 tomate, en rodajas
- 8 rebanadas de tocino cocido
- ¼ de taza de mayonesa
- 1 media pechuga de pollo rostizada, en rodajas finas
- 2 hojas de lechuga
- 4 rebanadas de queso
- condimento para bagels todo en uno al gusto

Instrucciones:

1. Tostar las rebanadas de pan es opcional. En caso de que te guste tostado, tuéstalo a tu gusto.
2. Unta un lado de cada rebanada de pan.
3. Espolvorea el condimento para bagels todo en uno en 2 de las rebanadas de pan. Coloca una hoja de lechuga en cada una de estas 2 rebanadas de pan. Coloque rodajas de tomate sobre la lechuga, luego la mitad del pollo y 2 rebanadas de tocino. Coloque una rebanada de queso.
4. Coloque otra rebanada de pan sobre cada una.
5. Repita los pasos 3 y 4 (el lado con mayonesa debe quedar hacia abajo).
6. Corte en la forma deseada y sirva.

Sándwiches hawaianos de Jamón y Queso

Porciones: 24

Valores nutricionales por porción: 1 hamburguesa

Calorías: 484

Grasa: 17 g

Carbohidratos: 47 g

Proteína: 26 g

Ingredientes:

- 1 taza de mantequilla derretida
- 4 cucharaditas de salsa Worcestershire
- 6 cucharaditas de semillas de amapola
- 2 panecillos hawaianos (12 unidades cada uno), partidos
- 16 rebanadas de queso suizo
- 6 cucharadas de mostaza Dijon
- 2 cebollas picadas
- 2 libras de jamón de charcutería en rebanadas

Instrucciones:

1. Ajuste la temperatura del horno a 350° F y precaliente.

2. Rocíe 2 fuentes para horno grandes (13 x 9 pulgadas cada una) con aceite de cocina en aerosol. (puedes cocinarlos en tandas en una fuente para horno o usar 2 fuentes grandes para horno)
3. Agrega la mantequilla en una sartén y deja que se derrita a fuego medio. Saltea la cebolla en la mantequilla derretida hasta que esté rosada. Agrega la salsa Worcestershire, las semillas de amapola y la mostaza y revuelve. Apaga el fuego después de unos 5 minutos, revolviendo con frecuencia.
4. Reserva toda la mitad superior de los panecillos.
5. Coloca toda la mitad inferior de los panecillos en cada fuente para horno. Unta 1/3 de la mezcla de salsa en cada uno. Divide las lonchas de jamón en partes iguales sobre la capa de salsa seguida de una capa de queso suizo. Usa más lonchas de queso si es necesario.
6. Cubre los sándwiches con las mitades superiores de los panecillos.
7. Pincela la mezcla de salsa restante sobre la parte superior de los panecillos. Mantén las fuentes cubiertas con papel

aluminio y colócalas en el horno. Después de hornearlas durante 15 minutos, destapa y continúa horneando.
8. Una vez que los panecillos estén de color marrón claro en la parte superior, apaga el horno.
9. Saca la fuente de horno y deja enfriar durante 5 minutos. Separa las hamburguesas y sírvelas.

Estofado Vaquero

Porciones: 4 – 5

Valores nutricionales por porción: 1 taza

Calorías: 469

Grasa: 23 g

Carbohidratos: 39 g

Proteína: 28 g

Ingredientes:

- 1 libra de carne molida
- 4 salchichas, cortadas en rodajas
- ¼ de taza de queso parmesano rallado
- 2 latas de frijoles horneados (16 onzas cada una)
- ¼ de taza de salsa de barbacoa

Instrucciones:

1. Coloque una olla holandesa o una cacerola pesada a fuego medio.
2. Agregue la carne y revuelva con frecuencia, desmenuzando la carne mientras revuelve.
3. Cuando pierda su color rosado, escurra la grasa que se haya soltado durante la cocción.
4. Agregue las rodajas de salchicha, el parmesano, los frijoles horneados y la salsa de barbacoa y revuelva.
5. Cuando empiece a hervir, bajamos el fuego y dejamos hervir suavemente durante unos 5 minutos, manteniendo la olla tapada.
6. Servimos caliente.

Pizza con Chili

Porciones: 4

Valores nutricionales por porción: ¼ de receta

Calorías: 404

Grasa: 25 g

Carbohidratos: 28 g

Proteínas: 18 g

Ingredientes:

- 5,5 onzas de pizza de masa fina refrigerada
- ½ lata (de una lata de 15 onzas) de chili con frijoles
- 1 taza de queso cheddar rallado
- ¼ de taza de mostaza amarilla

- 3 salchichas, en rodajas
- 2 cucharadas de cebolla picada (opcional)
- 2 cucharadas de pepinillos dulces picados (opcional)

Instrucciones:

1. Ajuste la temperatura del horno a 425° F y precaliente.
2. Engrase una fuente para horno de aproximadamente 8 pulgadas con un poco de aceite o mantequilla.
3. Desdoble la masa y colóquela en la fuente para horno preparada. Colóquelo en el horno durante unos 5 a 8 minutos o hasta que los bordes se doren.
4. Ahora, unte la masa con mostaza. Esparza los frijoles con chile por todas partes. Coloque las rodajas de salchicha sobre los frijoles con chile. Cubra con queso y vuelva a colocarlo en el horno.
5. Cuando la corteza se dore, apague el horno.
6. Adorne con cebolla y pepinillos encurtidos. Corte en 4 rebanadas iguales y sirva.

Ñoquis con Queso Horneado

Porciones: 8

Valores nutricionales por porción: 1/8 de receta

Calorías: 550

Grasa: 24 g

Carbohidratos: 66 g

Proteínas: 19 g

Ingredientes:

- 1,3 libras de brócoli, cortado en trozos muy pequeños
- 4 cucharadas de aceite de oliva
- 1,75 onzas de maicena
- 2 ½ tazas de crème fraiche
- 2 cucharaditas de mostaza integral
- sal marina al gusto

- pimienta negra recién molida al gusto
- 2 cebollas, peladas y picadas
- 2,2 libras de ñoquis
- 2 ½ tazas de leche
- 5,3 onzas de queso parmesano, rallado
- 2 cucharaditas de ajo en gránulos

Instrucciones:

1. Ajuste la temperatura del horno a 400° F y precaliente. 2. Combine el brócoli, la sal y la cebolla en una fuente para horno. Rocíe 2 cucharadas de aceite por encima y mezcle bien.
2. Coloque la fuente en el horno y hornee durante 10 minutos.
3. Agregue los ñoquis y 2 cucharadas de aceite. Hornee durante otros 10 minutos.
4. Mientras tanto, combine la maicena y un poco de leche y mezcle hasta obtener una pasta.
5. Agregue la crema fresca y revuelva hasta que esté bien combinado. Vierta la leche restante y revuelva hasta que esté bien combinado.

6. Agregue el ajo, la mostaza, la sal, la pimienta y 2/3 del parmesano. Vierta en la fuente para horno y mezcle bien. Cubra con el parmesano restante y continúe horneando durante otros 10 a 15 minutos.

Nachos Vegetarianos con Crema de Cilantro y Limón

Porciones: 4

Valores nutricionales por porción: ¼ de receta, sin ingredientes opcionales

Calorías: 349

Grasa: 16 g

Carbohidratos: 38 g

Proteína: 15 g

Ingredientes:

Para los nachos:

- ½ cucharadita de aceite de oliva
- 1 cebolla mediana, picada
- ½ pimiento verde, picado
- ½ pimiento rojo, picado
- ½ lata (de una lata de 15 onzas) de frijoles negros, enjuagados y escurridos
- 5 onzas de chips de tortilla
- ½ cucharada de condimento para tacos
- 1 taza de queso mexicano rallado

Ingredientes opcionales:

- 1 – 2 cucharadas de cilantro picado
- 1 aguacate, pelado, sin hueso, picado
- ½ taza de aguacate picado
- ½ taza de salsa
- 1 cebolla verde, cortada en rodajas finas
- cualquier otra favorita cobertura

Para el rocío de cilantro y limón:

- ¼ de taza de crema agria

- ½ cucharadita de ralladura de limón
- ¼ de taza de tallos y hojas de cilantro bien picados
- 1/8 de cucharadita de miel o al gusto
- ¼ de taza de yogur griego natural
- ½ cucharadita de jugo de limón
- 1/8 de cucharadita de sal
- una pizca de ajo en polvo

Instrucciones:

1. Después de ajustar la temperatura del horno a 350° F, precaliente el horno. Pincele un poco de aceite en una bandeja para hornear.
2. Agregue ½ cucharadita de aceite en una sartén y colóquela a fuego medio.
3. Una vez que el aceite esté caliente, coloque la cebolla y los pimientos morrones en la sartén y revuelva con frecuencia hasta que las verduras estén tiernas.
4. Agregue los frijoles negros junto con el condimento para tacos.
5. Distribuya los chips de tortilla en la bandeja para hornear. Espolvoree la mitad del queso sobre las tortillas. 6. Esparce la

mezcla de vegetales y frijoles sobre la capa de queso. Espolvorea el resto del queso y colócalo en el horno hasta que el queso se dore.
6. Mientras los nachos se hornean, prepara el rocío de cilantro y limón mezclando la crema agria, la ralladura de limón, el cilantro, la miel, el yogur griego, el jugo de limón, la sal y el ajo en polvo.
7. Vierte la salsa sobre los nachos. Esparce los ingredientes opcionales y sirve de inmediato.

Nueces de la India con Chile y Limón

Porciones: 4

Valores nutricionales por porción: ¼ de taza

Calorías: 191

Grasa: 15 g

Carbohidratos: 10 g

Proteína: 6 g

Ingredientes:

- 1 taza de anacardos crudos
- 1 cucharada de jugo de lima fresco
- ½ cucharadita de chile en polvo
- ¼ de cucharadita de sal
- ½ cucharadita de pimentón
- 1/8 de cucharadita de pimienta de cayena
- 1 cucharadita de aceite de cocina

Instrucciones:

1. Ajuste la temperatura del horno a 350° F y precaliente. Tome una bandeja para hornear y coloque una hoja de papel pergamino sobre ella.
2. Combine los anacardos, el jugo de lima, el aceite, las especias y la sal en un tazón. Asegúrese de que los anacardos estén bien cubiertos con las especias.

3. Extienda los anacardos en la bandeja para hornear preparada. Hornee durante 10 a 12 minutos. Revuelve los anacardos después de unos 7 u 8 minutos de cocción.
4. Déjalos enfriar por completo. Puedes servirlos ahora o guardarlos en un recipiente sellado y servirlos más tarde.

Entradas a la Parrilla para Fiestas

Porciones: 8

Valores nutricionales por porción: 1/3 de taza

Calorías: 237

Grasa: 11g

Carbohidratos: 26 g

Proteína: 9 g

Ingredientes:

- ½ libra de carne molida
- 8 onzas de salchichas miniatura, escurridas
- ½ taza de causa para barbacoa
- 1/8 taza de cebolla finamente picada
- 6 onzas de mermelada de albaricoque
- ½ lata (de una lata de 20 onzas) de trozos de piña, escurridos

Instrucciones:

1. Agrega la cebolla y la carne en un recipiente y mezcla suavemente con las manos hasta que se combinen bien. No mezcles demasiado o la carne se pondrá dura. 2. Forme bolitas de 2,5 cm (1 pulgada) de la mezcla.
2. Coloque una sartén grande a fuego medio. Coloque las albóndigas en la sartén caliente y cocínelas hasta que estén doradas por fuera y bien cocidas por dentro.
3. Agregue las salchichas, la salsa barbacoa y la mermelada de albaricoque. Revuelva y cubra la sartén.
4. Cocine a fuego lento hasta que todo esté bien caliente.

5. Agregue la piña y revuelva. Cubra y cocine hasta que la piña esté caliente.
6. Sirva.

Sopa Picante de Calabaza y Maíz

Porciones: 4

Valores nutricionales por porción: 1 ½ tazas

Calorías: 200

Grasa: 0 g

Carbohidratos: 40 g

Proteínas: 12 g

Ingredientes:

- ½ lata (de una lata de 15 onzas) de calabaza
- ¾ taza de maíz congelado

- 1/8 cucharadita de pimienta o al gusto
- 2 tazas de caldo de pollo
- ½ lata (de una lata de 15 onzas) de frijoles negros, enjuagados y escurridos
- ½ lata (de una lata de 10 onzas) de tomates cortados en cubitos con chiles verdes

Instrucciones:

1. Combine la calabaza, el maíz, el caldo, los frijoles negros y los tomates en una cacerola.
2. Colóquelo a fuego medio. Cuando comience a hervir, baje el fuego y déjelo hervir suavemente hasta que espese un poco. Revuelva de vez en cuando. Agregue la pimienta y revuelva.
3. Vierta en tazones de sopa y sirva.

Cazuela de Arroz con Pollo y Arroz

Porciones: 3

Valor nutricional por porción: 1/3 de la receta

Calorías: 298

Grasa: 13 g

Carbohidratos: 27 g

Proteínas: 18 g

Ingredientes:
- ½ cucharada de aceite de oliva
- 1 pechuga de pollo cortada en cubos pequeños
- 1/8 cucharadita de pimienta negra molida
- 6 cucharadas de arroz crudo
- 1 taza de caldo de pollo
- ½ taza de queso cheddar rallado
- ½ lata de crema de pollo (aproximadamente 5 onzas)
- 1 taza de floretes de brócoli
- ½ cucharada de perejil fresco picado
- ½ cebolla pequeña picada
- 1/8 cucharadita de sal o al gusto
- 2 dientes de ajo, pelados y picados

Instrucciones:
1. Vierta el aceite en una sartén apta para horno y déjelo calentar a fuego medio. Añade la cebolla y el pollo y cocina hasta que el pollo esté ligeramente dorado. Agrega sal y pimienta y revuelve.
2. Agrega el ajo y revuelve durante unos segundos hasta que desprenda un aroma fragante.
3. Incorpora el arroz, el caldo y la crema de pollo. Si el arroz está crudo y no queda líquido en la sartén, agrega un poco más de caldo.
4. Revuelve de vez en cuando hasta que el arroz esté cocido.
5. Mientras tanto, configura el horno en modo asar y precalienta el horno.
6. Agrega el brócoli y ¼ de taza de queso. Cocina durante un par de minutos hasta que el brócoli se torne de un color verde brillante.
7. Esparce el queso restante por encima. Coloca la sartén en el horno y asa durante unos 2 minutos.
8. Espolvorea perejil por encima y sirve.

Actividades Divertidas para Niños en la Cocina

Pizza Diversión

Porciones: 2

Valores nutricionales por porción: 1 pizza, sin aderezos ni condimentos ni aceite de oliva

Calorías: 591

Grasa: 28 g

Carbohidratos: 65 g

Proteínas: 20,8 g

Ingredientes:

- 8 onzas de masa de pizza
- 3 onzas de queso mozzarella o queso Jack
- sal al gusto
- pimienta al gusto
- ¾ taza de salsa para pizza o usa salsa marinara
- aderezos de tu elección
- aceite de oliva extra virgen para rociar

Instrucciones:

1. ¿No va a ser divertido hacer tu propia pizza? Te da la opción de usar todos tus aderezos favoritos. Puede ser pollo cocido, salchicha o tocino, verduras cortadas a su elección, rodajas de pepperoni, tomates secados al sol, un poco de queso extra o nada de cobertura, etc.
2. Ajuste la temperatura del horno a 350° F y precaliente. Tome una bandeja para hornear y coloque una hoja de papel pergamino en ella.
3. Si está usando coberturas, córtelas o córtelas en trozos más pequeños. Coloque las coberturas en diferentes tazones.

4. Divida la masa en 2 porciones iguales. Si tiene un hermano, involúcrelo en la preparación de la pizza. Cuanto más, mejor.
5. Haga 2 porciones iguales de la bola de masa. Puede probar diferentes formas de hacer un círculo. Puede usar un rodillo. Puede darle palmaditas con la mano o estirar la masa con ambas manos.
6. Coloque los círculos de masa de pizza en la bandeja para hornear. Luego, vierta la salsa de pizza sobre la masa de pizza y extiéndala por toda la masa.
7. Coloque las coberturas. Puedes esparcir los ingredientes como quieras o hacer caras divertidas. Espolvorea queso por encima.
8. Para hacer caras divertidas, puedes usar aceitunas para los ojos, tomates cherry para la nariz, tiras de pimiento morrón para la boca, brócoli para el cabello, etc.
9. En caso de que quieras hacer caras divertidas, primero coloca los ingredientes que desees sobre la pizza. Luego, cubre con queso. Por último, haz caras divertidas encima.

10. Coloca la bandeja para hornear en el horno y programa el temporizador durante 10 a 15 minutos o hasta que la pizza esté cocida según tu preferencia.
11. Rocía aceite de oliva sobre la pizza. Sazona con sal y pimienta.
12. Córtala en gajos. Tienen un sabor excelente, así como están. Puedes darle un toque picante con un poco de salsa picante o cualquier otra salsa de tu preferencia.

Sándwiches Vegetarianos con Caras Graciosas

Porciones: 6

Valores nutricionales por porción: 1 sándwich

Calorías: 420

Grasa: 24 g

Carbohidratos: 34 g

Proteínas: 15 g

Ingredientes:

- 1 taza de queso crema untable con cebollino y cebolla
- 1 cucharadita de jengibre molido
- 2 pimientos rojos grandes
- 2 pimientos amarillos grandes, cortados en tiras de 1 x 1 ¼ pulgadas
- 1 taza de zanahorias cortadas en juliana o ralladas
- ½ taza de mantequilla de maní cremosa
- ¼ de cucharadita de pimienta de cayena molida
- 6 rebanadas de pan integral para sándwich
- algunos floretes de brócoli
- algunos floretes de coliflor

Instrucciones:

1. Coloque el queso crema, el jengibre, la mantequilla de maní y la pimienta de cayena en un tazón.

2. Con una batidora eléctrica de mano, bata la mezcla hasta que quede suave.
3. Tienes 6 sándwiches delgados para decorar y servir a toda tu familia. También puedes invitar a tus amigos y pedirles que decoren los sándwiches junto contigo. Puedes probar 6 caras diferentes.
4. Las tiras de pimiento amarillo se pueden usar para hacer el cabello. También puedes usar las zanahorias para el cabello. Puedes usar el pimiento rojo para hacer sombreros (cortados en rectángulos) o cortados en tiras.
5. Los floretes de brócoli se pueden usar para hacer los ojos y los floretes de coliflor (no uses el tallo del brócoli o la coliflor) para hacer la nariz. También puedes usar el pimiento rojo para hacer la nariz. Puedes usar tu imaginación y usar las verduras. Puedes usar tu imaginación y usar cualquier otro ingrediente para hacer caras divertidas.
6. Puedes hacer espantapájaros, caritas sonrientes, emojis, etc.
7. Unta la mezcla de mantequilla de maní en los sándwiches delgados. Decora a tu gusto.

8. Sirve a tu familia y a ti mismo.

Tartas de Mermelada

Porciones: 12

Valores nutricionales por porción: 1 tarta

Calorías: 152

Grasa: 9 g

Carbohidratos: 18 g

Proteína: 1 g

Ingredientes:

- 1 taza de harina común
- 1 ½ cucharadita de azúcar blanca
- ¼ de taza de agua
- ½ taza de manteca vegetal

- ½ cucharadita de sal
- ½ taza de mermelada

Instrucciones:

1. Puedes hacer este proceso en un procesador de alimentos con la supervisión de un adulto.
2. De todos modos, aprenderás a hacerlo sin el procesador de alimentos.
3. Combina la harina, la sal y el azúcar en un tazón. Agrega la manteca vegetal y córtala en la mezcla de harina con un cortador de masa o un par de tenedores.
4. Agrega el agua y mezcla con las manos hasta que se forme la masa.
5. Coloque la masa en el refrigerador durante 30 a 60 minutos.
6. Ajuste la temperatura del horno a 400° F y precaliente.
7. Tome 12 moldes para muffins poco profundos y úntelos con un poco de aceite o mantequilla derretida.
8. Coloque la bola de masa sobre la mesada. Tome un rodillo y estírelo hasta que quede fino.

9. Tome un cortador de galletas de aproximadamente 4 pulgadas y córtelo en círculos. Coloque un círculo de masa en cada molde para muffins.
10. Le quedará masa sobrante después de cortar los círculos. Ahora recoja la masa sobrante y vuelva a formar una bola de masa.
11. Repita los pasos 8 a 10 hasta que no le quede masa.
12. Coloque 2 cucharaditas de mermelada en cada molde para muffins, sobre la masa. Puede probar colocar mermeladas de diferentes sabores en los moldes.
13. Coloca los moldes para muffins en el horno y hornéalos durante unos 20 minutos o hasta que la base de la tarta se dore.
14. Déjalos enfriar completamente sobre una rejilla.
15. Después de servir, las tartas sobrantes se pueden colocar en un recipiente hermético. Se pueden conservar durante unos 3 o 4 días a temperatura ambiente.

Golosinas Navideñas

Porciones: 6

Valores nutricionales por porción: 1 golosina

Calorías: 220

Grasa: 4 g

Carbohidratos: 46 g

Proteína: 1 g

Ingredientes:

- 1 ½ cucharada de mantequilla sin sal
- 3 tazas de cereal de arroz crujiente
- 5 onzas de malvaviscos o 2 tazas de mini malvaviscos
- 6 bastones de caramelo, cortados en 2 mitades

Para decorar:

- azúcar de colores
- m&m's
- glaseado en gel rojo
- glaseado en gel verde

Instrucciones:

1. Tome una hoja de papel encerado o papel pergamino y colóquela sobre una bandeja para hornear.
2. Coloque los malvaviscos y la mantequilla en una cacerola. Coloque la cacerola a fuego medio y revuelva con frecuencia.

3. Cuando los malvaviscos se derritan por completo, agregue el cereal de arroz y mezcle bien. Transfiera la mezcla a la bandeja para hornear, esparciéndola uniformemente hasta que tenga un grosor de aproximadamente ½ a ¾ de pulgada.
4. Engrase un cuchillo afilado con una buena cantidad de aceite.
5. Corte la mezcla en el centro, a lo largo de toda la mezcla. Debe hacer árboles de Navidad, así que corte triángulos de la mezcla (la altura del árbol será desde uno de los bordes hasta el medio). Por lo tanto, corte triángulos de la mezcla esparcida.
6. Ahora separe los triángulos.
7. Deslice la punta de un trozo de bastón de caramelo debajo de la base del triángulo. Haga esto con cada triángulo. Estos son los troncos de los árboles.
8. Déjelos enfriar a temperatura ambiente.
9. Decore con glaseado rojo y verde. Coloque M&M's. Espolvoree azúcar de colores sobre los árboles de Navidad y sirva.

10. Puede guardar golosinas adicionales en un recipiente sellado durante 2 a 3 días a temperatura ambiente. Estas se pueden congelar durante aproximadamente 6 semanas.

Ensalada de Frutas Arcoíris

Porciones: 5

Valores nutricionales por porción: 1 tazón, sin aderezos

Calorías: 108

Grasa: 0,5 g

Carbohidratos: 27,2 g

Proteínas: 1,4 g

Ingredientes:

- 1 taza de fresas cortadas en cubitos
- 1 taza de piña cortada en cubitos

- 1 taza de arándanos
- 1 taza de rodajas de naranja en miniatura
- 1 taza de kiwi pelado y cortado en cubitos
- 1 taza de uvas rojas cortadas por la mitad
- 1 cucharada de jarabe de arce o miel
- 1 cucharada de jugo de limón fresco

Aderezos opcionales:

- crema batida o crema batida de coco
- chispas
- m & m's
- cualquier otro aderezo favorito

Instrucciones:

1. ¡Oh! ¡Qué aburrida es la ensalada!, es lo que la mayoría de ustedes sienten. Pero esta es una ensalada vibrante que les encantará hacer. 2. Si puedes, corta las frutas tú mismo o pide ayuda a un adulto.
2. Bate el jugo de limón y el jarabe de arce en un tazón mediano.
3. Agrega las fresas, la piña, los arándanos, la naranja, el kiwi y las uvas y mezcla bien.
4. Divide la ensalada en 5 tazones. Coloca los ingredientes opcionales encima si lo deseas y sirve.

Golosinas de Pierna de Pavo

Porciones: 6

Valores nutricionales por porción: 1 golosina

Calorías: 109

Grasa: 4 g

Carbohidratos: 17 g

Proteína: 1 g

Ingredientes:

- 3 palitos de pretzel
- 5 onzas de malvaviscos en miniatura
- 2 cucharadas de mantequilla
- 6 onzas de caramelos blancos derretidos o ½ taza de chips de vainilla para hornear
- 4 tazas de cereal Cocoa Krispies

Instrucciones:

1. Lee las instrucciones que vienen en el paquete de caramelos blancos derretidos y derrítelos.
2. Corta los palitos de pretzel en 2 mitades. De esta manera, tendrás un lado cortado y un lado original en cada mitad de pretzel.

3. Vas a hacer los huesos de las patas de pavo. Para esto, sumerge el lado original (aproximadamente 1 a 1 ½ pulgadas) en el caramelo derretido. Coloca 2 malvaviscos en este extremo y colócalos en una bandeja para hornear forrada con papel pergamino.
4. Repite este proceso con los palitos de pretzel restantes. Déjalos reposar durante 5 minutos.
5. Ahora toma los palitos, uno a la vez, y sumérgelos nuevamente en el caramelo derretido hasta que 2/3 del palito estén cubiertos con el caramelo derretido. Ahora los malvaviscos también se sumergen en él. Coloca el "hueso" nuevamente en la bandeja para hornear.
6. Déjalos reposar hasta que la "carne" de la pierna de pavo esté preparada.
7. Para hacer la "carne": agrega los malvaviscos restantes en una cacerola. Agrega la mantequilla y colócala a fuego lento. Revuelve con frecuencia hasta que se derrita y apaga el fuego.
8. Agrega los Krispies y revuelve hasta que los malvaviscos derretidos estén bien mezclados con los Krispies.

9. Deja que la mezcla se enfríe durante aproximadamente 4 a 5 minutos, pero debe estar lo suficientemente fría para que puedas manipularla. No lo dejes enfriar por mucho tiempo ya que no podrás moldear la "carne". Divide la mezcla en 6 porciones iguales. Engrasa tus manos con un poco de aceite. Toma una porción de la "carne" y 1 "hueso" y colócalo alrededor de la parte restante de la barra de pretzel, envolviendo el extremo cortado. Repite con todos los "huesos". Es posible que tengas que engrasarte las manos mientras moldeas la pata de pavo de "carne". Entonces, ¿no parecen patas de pavo? Sirve de inmediato.

Galletas Rellenas

Porciones: 12

Valores nutricionales por porción: 1 galleta

Calorías: 165

Grasa: 8 g

Carbohidratos: 22 g

Proteína: 1 g

Ingredientes:

- ½ taza de mantequilla sin sal, ablandada
- 3 cucharadas de azúcar morena clara
- 3 cucharadas de azúcar
- yema de un huevo pequeño
- 1 1/8 tazas de harina común
- ¼ de cucharadita de sal
- ½ cucharadita de extracto de vainilla

- 1 cucharadita de fécula de maíz
- 3 cucharadas de mermelada o conservas de su elección
- ¼ de taza de azúcar para espolvorear (opcional)

Instrucciones:

1. Coloque una hoja de papel encerado sobre una bandeja para hornear.
2. Agregue la harina, la sal y la fécula de maíz en un tazón grande. Mezcle bien.
3. Agregue la mantequilla en un tazón para mezclar. Batir con una batidora eléctrica (o usar un batidor de mano o usar la batidora de pie) durante un par de minutos hasta que se vuelva cremoso. Batir el azúcar y el azúcar moreno hasta que estén bien incorporados.
4. Verter la yema de huevo y la vainilla en el bol. Batir hasta que estén bien incorporados.
5. Bajar la velocidad a baja. Incorporar la mezcla de harina. Mezclar hasta que esté bien incorporado. Si hay masa pegada en los lados del bol, tirarla hacia el centro del bol

con una espátula y seguir mezclando. Si la masa se ve seca o se desmorona, usar las manos para alisarla.
6. Tomar una pequeña cuchara para helado y colocar la mezcla en una bandeja para hornear forrada. Ahora cubrir la galleta con azúcar (si se usa) y colocarla en la bandeja para hornear. Dejar suficiente espacio entre las galletas.
7. Presionar cada galleta en el centro con el pulgar hasta aproximadamente ½ pulgada de profundidad. Congelar las galletas durante unos 30 minutos.
8. Configurar la temperatura del horno a 375° F y precalentar. 9. Coloca la mermelada en un recipiente apto para microondas y derrítela un poco.
9. Rellena la depresión (en las galletas) con un poco de mermelada.
10. Programa el temporizador durante 11 minutos o hasta que los bordes comiencen a dorarse.
11. Retira del horno y deja enfriar durante 3 o 4 minutos. Retira las galletas con cuidado con una espátula de metal y déjalas enfriar sobre una rejilla. Guarda las galletas en un recipiente hermético.

Galletas con Cara Graciosa (sin huevos)

Porciones: 8

Valores nutricionales por porción: 1 galleta

Calorías: 220

Grasa: 12 g

Carbohidratos: 27 g

Proteína: 2 g

Ingredientes:

Para las galletas:

- 1 taza de mantequilla sin sal, ablandada
- ½ taza de azúcar morena
- ½ taza de azúcar granulada
- 2 tazas de harina común

- ½ cucharadita de sal
- 1 cucharadita de extracto de vainilla
- harina común adicional para espolvorear.

Para las decoraciones:

- colorantes alimentarios variados
- chispas de chocolate
- chispitas
- gusanos de goma
- m & m's
- cualquier otra decoración comestible de su elección

Instrucciones:

1. Ajuste la temperatura del horno a 350° F y precaliente. 2. Cubra una bandeja para hornear grande con papel pergamino.
2. Combine la mantequilla, el azúcar moreno y el azúcar granulado con una batidora eléctrica de mano o una batidora de pie hasta que quede cremoso.

3. Agregue la vainilla y bata. Luego espolvoree la sal y bata hasta que esté bien incorporado.
4. Bata la harina hasta que esté apenas incorporada, asegurándose de no batir demasiado.
5. Ahora distribuya la masa en algunos tazones. Agregue diferentes colorantes alimentarios en cada tazón y mezcle en cada tazón.
6. Espolvoree un poco de harina en la mesada. Tome la masa y estírela con un rodillo. Usando cortadores de galletas de diferentes caras divertidas, corte las galletas. Hay cortadores de galletas de diferentes caras divertidas disponibles.
7. Usando todas las bolas de masa de diferentes colores, haga caras divertidas.
8. Coloque las caras divertidas en la bandeja para hornear. Coloque las decoraciones deseadas en las galletas para hacer caras divertidas y colóquelas en el horno.
9. Deben hornearse durante 8 a 10 minutos o hasta que se vuelvan de color marrón claro alrededor de los bordes. 11. Retirar del horno y dejar enfriar durante 5 o 6 minutos en la misma bandeja. Retirar las galletas con cuidado con una

espátula de metal y dejar enfriar sobre una rejilla. Se pueden preparar con antelación y colocarlas en un recipiente hermético.

Cupcakes de Calavera para Halloween

Porciones: 16

Valores nutricionales por porción: 1 cupcake

Calorías: 276

Grasa: 13 g

Carbohidratos: 39 g

Proteína: 3 g

Ingredientes:

- 2/3 paquete (de un paquete de 15,25 onzas) de mezcla para pastel Devil's Food (10,2 onzas)
- 2 huevos
- 1 paquete de glaseado de vainilla preparado (paquete de 16 onzas)
- 2/3 taza de agua
- ¼ taza de aceite vegetal

- 4,5 onzas (de un paquete de 7 onzas) de glaseado de chocolate preparado

Instrucciones:

1. Precaliente el horno a 350° F.
2. Engrase 3 moldes para muffins de 6 unidades cada uno con un poco de aceite o mantequilla derretida. Coloque envoltorios de papel desechables de color oscuro o use envoltorios de papel desechables con temática de Halloween.
3. Agrega la mezcla para pastel (yo usé la mezcla para pastel de la marca Duncan Hines), el huevo, el agua y el aceite en un tazón. Pon la batidora eléctrica a baja velocidad y bate hasta que se integren bien los ingredientes. También puedes batir la masa con un batidor de mano.
4. Ahora aumenta la velocidad de la batidora a media y bate durante un par de minutos hasta que la masa esté muy suave.
5. Divide la masa en los moldes para muffins. No llenes más de ¾ del molde para muffins.

6. Coloca los moldes para muffins en el horno y hornea durante 18 a 20 minutos o hasta que estén bien cocidos. Para comprobar si está bien cocido, haz la prueba del palillo (consulta la receta "Muffins de plátano y chispas de chocolate").
7. Coloca los moldes de muffins sobre una rejilla durante 15 minutos. Retira los cupcakes del molde y colócalos sobre la rejilla.
8. Cuando se hayan enfriado por completo, extiende una fina capa de glaseado de vainilla sobre cada cupcake.
9. Coloca una manga pastelera con una boquilla redonda pequeña y llénala con glaseado de chocolate. Ahora, dibuja la cara de una calavera sobre cada cupcake. Haz una forma ovalada grande para los ojos. Coloca 2 puntos, uno para cada fosa nasal. Haz las encías y los dientes. Los cupcakes de calavera se pueden servir.
10. Si utilizas otra marca de mezcla para pastel, debes leer las instrucciones que se dan en el paquete y usarla de acuerdo con ellas.

Calzone de Serpiente Tenebrosa

Porciones: 7

Valores nutricionales por porción: 1 rebanada

Calorías: 217

Grasa: 10 g

Carbohidratos: 22 g

Proteína: 10 g

Ingredientes:

Para la masa:

- ½ cucharadita de azúcar blanca
- ½ paquete (de un paquete de 0,25 onzas) de levadura seca activa
- ¾ cucharadita de sal
- ½ taza de agua tibia

- cucharada de aceite de oliva
- 1 ½ tazas de harina común

Para el relleno:
- ½ taza de queso ricotta
- 1/8 taza de queso parmesano rallado o más si te gusta con sabor a queso
- ½ cucharada de perejil fresco picado
- ¼ taza de aceitunas negras en rodajas (opcional)
- ¼ taza de champiñones frescos en rodajas (opcional)
- 1 taza de queso mozzarella rallado
- 2 onzas de pepperoni en rodajas
- ¼ de cucharadita de condimento italiano
- ¼ de pimiento verde, cortado en tiras (opcional)

Para el huevo batido:
- ½ cucharada de agua
- 1 huevo pequeño

Para servir:
- salsa de espagueti

Instrucciones:
1. Coloque agua tibia y azúcar en el tazón de la batidora de pie. Asegúrese de fijar el gancho para masa. Revuelva

hasta que el azúcar se derrita. La temperatura del agua tibia debe ser de 110° F.

2. Esparza la levadura sobre el agua tibia y déjela reposar durante 5 minutos para que la levadura florezca. También habrá un poco de espuma.

3. Agregue sal, aceite y una taza de harina y ajuste la velocidad de la batidora a baja. Mezcle hasta obtener una masa húmeda.

4. Agregue ½ taza de harina, aproximadamente 2 cucharadas a la vez, con la batidora funcionando constantemente.

5. Una vez que la masa esté formada, amasa durante unos minutos más hasta que la masa esté suave y estirable.

6. Coloca la masa en un bol cubierto con aceite. Da vuelta la masa en el bol para que quede cubierta con aceite.

7. Mantén el bol cubierto con un paño y colócalo en un lugar cálido hasta que la masa tenga el doble de su tamaño original. Debería tomar alrededor de una hora.

8. Prepara el relleno mezclando el parmesano, la mozzarella, la ricota, el perejil, las aceitunas, los champiñones, el pimiento verde y el condimento italiano.

9. Precalienta el horno a 350° F. Coloca papel pergamino sobre una bandeja para hornear.
10. Golpea la masa con el puño un par de veces. Enrolla la masa hasta formar un rectángulo (aproximadamente 4,5 x 15 pulgadas).
11. Coloca el relleno a lo largo del medio de la masa. Asegúrate de dejar un borde de 1 pulgada alrededor.
12. Junta los bordes y presiona para sellar. Ahora tienes un rollo largo.
13. Coloca el rollo en la bandeja para hornear con el lado de la costura hacia abajo, en forma de la letra "S".
14. Prepara el huevo batido mezclando huevo y agua. Pincela la parte superior y los lados del calzone.
15. Corta el pepperoni en mitades o cuartos. Coloca las rodajas de pepperoni sobre la masa, a lo largo de la "S" y presiona ligeramente para que se adhieran. Puedes hacer los ojos usando 2 rodajas de aceituna. Puedes hacer la lengua enrollando un pepperoni y fijándolo o usar un rollo de fruta como lengua.
16. Colócalo en el horno para hornear hasta que esté dorado. Una vez fuera, debes enfriarlo durante 5 a 7 minutos.

17. Córtalo en 7 rodajas iguales y sírvelo junto con salsa de espagueti o un poco de kétchup.

Diario de Recetas

Espero que hayas disfrutado de este libro. Si quieres un diario de recetas que puedas imprimir y usar para registrar tus recetas y también tu consumo de calorías, escanea el código QR que aparece a continuación.

Conclusión

Felicitaciones por haber completado las diferentes recetas que se ofrecen en este libro. A esta altura, ya se habrá dado cuenta de lo simple y divertido que es cocinar. Las recetas que se ofrecen en este libro se dividieron en diferentes categorías para su conveniencia. Revise las recetas, tome nota de las que desea probar, reúna los ingredientes necesarios y simplemente siga las instrucciones que se dan. Las recetas aptas para niños de este libro le brindarán las habilidades básicas necesarias para cocinar comidas deliciosas en poco tiempo, como un profesional.

Finalmente, lo más importante que debe comprender es que cocinar no se limita a seguir instrucciones o una receta. Es una aventura y, por lo tanto, deje que su creatividad vuele. Las dos cosas que debe recordar mientras cocina son divertirse mientras está seguro en la cocina y ser creativo. La cocina es un lienzo en blanco y cada receta que prueba le brinda la oportunidad de aprender, descubrir y divertirse. ¡Gracias y todo lo mejor!

www.ingramcontent.com/pod-product-compliance
Lightning Source LLC
Chambersburg PA
CBHW030546080526
44585CB00012B/278